U0600474

荀子 人性的批判

陈修武 编著

江苏凤凰文艺出版社
JIANGSU PHOENIX LITERATURE AND
ART PUBLISHING

图书在版编目（CIP）数据

荀子：人性的批判 / 陈修武编著. -- 南京：江苏
凤凰文艺出版社，2024.6
ISBN 978-7-5594-8640-0

Ⅰ. ①荀… Ⅱ. ①陈… Ⅲ. ①《荀子》- 研究 Ⅳ.
①B222.65

中国国家版本馆CIP数据核字(2024)第090286号

著作权合同登记号：10-2024-109

版权所有 © 时报文化出版公司
本书版权经由时报文化出版公司授权北京时代华语国际传媒股份有限公司简体中文版，委托英商安德鲁纳伯格联合国际有限公司代理授权。
非经书面同意，不得以任何形式任意重制、转载。

荀子：人性的批判

陈修武　编著

责任编辑	项雷达
图书策划	宁炳辉　姜得祺
特约编辑	吕新月
装帧设计	时代华语设计组
出版发行	江苏凤凰文艺出版社
	南京市中央路 165 号，邮编：210009
网　　址	http://www.jswenyi.com
印　　刷	唐山富达印务有限公司
开　　本	880 毫米 ×1230 毫米　1/32
印　　张	7.25
字　　数	160 千字
版　　次	2024 年 6 月第 1 版
印　　次	2024 年 6 月第 1 次印刷
书　　号	ISBN 978-7-5594-8640-0
定　　价	56.00 元

江苏凤凰文艺版图书凡印刷、装订错误，可向出版社调换，联系电话025-83280257

用经典滋养灵魂

龚鹏程

　　每个民族都有它自己的经典。经,指其所载之内容足以作为后世的纲维;典,谓其可为典范。因此它常被视为一切知识、价值观、世界观的依据或来源。早期只典守在神巫和大僚手上,后来则成为该民族累世传习、讽诵不辍的基本典籍,或称核心典籍,甚至是"圣书"。

　　中国文化总体上的经典是六经:《诗》《书》《礼》《乐》《易》《春秋》。依此而发展出来的各个学门或学派,另有其专业上的经典,如墨家有其《墨经》。老子后学也将其书视为经,战国时便开始有人替它作传、作解。兵家则有其《武经七书》。算家亦有《周髀算经》等所谓《算经十书》。流衍所及,竟至喝酒有《酒经》,饮茶有《茶经》,下棋有《弈经》,相鹤相马相牛亦皆有经。此类支流稗末,固然不能与六经相比肩,但它们代表了在各自那一个领域中的核心知识地位,是很显然的。

　　我国历代教育和社会文化,就是以六经为基础来发展的。直到清末废科举、立学堂以后才产生剧变。但当时新设的学堂虽仿洋制,却仍保留了读经课程,以示根本未隳。辛亥革命后,蔡元培担任教育总长才开始废除读经。接着,他主持北京大学时出现的新文化运动更进一步发起对传统文化的攻击。趋势竟由废弃文言，提倡白话文学，一直走到深入的反传统中去。

台湾的教育发展和社会文化意识，其实也一直以延续五四精神自居，故其反传统气氛及其体现于教育结构中者，与大陆不过程度略异而已，仅是社会中还遗存着若干传统社会的礼俗及观念罢了。后来，台湾才惕然警醒，开始提倡"文化复兴运动"，在学校课程中增加了经典的内容。但不叫读经，乃是摘选"四书"为《中国文化基本教材》，以为补充。另成立"文化复兴委员会"，开始做经典的白话注释，向社会推广。

文化复兴运动之功过，诚乎难言，此处也不必细说，总之是虽调整了西化的方向及反传统的势能，但对社会民众的文化意识，还没能起到普遍警醒的作用；了解传统、阅读经典，也还没成为风气或行动。

20世纪70年代后期，高信疆、柯元馨夫妇接掌了当时台湾第一大报《中国时报》的副刊与出版社编务，针对这个现象，遂策划了《中国历代经典宝库》这一大套书。精选影响人们最为深远的典籍，包括了六经及诸子、文艺各领域的经典，遍邀名家为之疏解，并附录原文以供参照，一时社会震动，风气丕变。

其所以震动社会，原因一是典籍选得精切。不蔓不枝，能体现传统文化的基本匡廓。二是体例确实。经典篇幅广狭不一、深浅悬隔，如《资治通鉴》那么庞大，《尚书》那么深奥，它们跟小说戏曲是截然不同的。如何在一套书里，用类似的体例来处理，很可以看出编辑人的功力。三是作者群涵盖了几乎全台湾的学术精英，群策群力，全面动员。这也是过去所没有的。四是编审严格。大部丛书，作者庞杂，集稿统稿就十分重要，否则便会出现良莠不齐之现象。这套书虽广征名家撰作，但在审定正讹、统一文字风格方面，确乎花了极大气力。再加上撰稿人都把这套书当成是写给自己子弟看的传家宝，写得特别矜慎，成绩当然非其他的书所能比。五是当时高信疆夫妇利用报社传播之便，将出版与报纸媒体做了最好、最彻底的结合，使得这套书成了家喻户晓、众所翘盼的文化甘霖，人人都想一沾法雨。六是当时出版采用豪华的小牛皮烫金装帧，精美大方，辅以雕花木柜。虽所费不赀，却是经济刚刚腾飞时一个中产家庭最好的文化陈设，书香家庭的想象，由此开始落实。许多家庭乃因买进这套书，仿佛种下了诗礼传家的根。

高先生综理编务，辅佐实际的是周安托兄。两君都是诗人，且侠情肝胆照人。中华文化复起、国魂再振、民气方舒，则是他们的理想，因此编这套书，似乎就是一场织梦之旅，号称传承经典，实则意拟宏开未来。

我很幸运，也曾参与到这一场歌唱青春的行列中，去贡献微末。先是与林明峪共同参与黄庆萱老师改写《西游记》的工作，继而再协助安托统稿，推敲是非，斟酌文辞。对整套书说不上有什么助益，自己倒是收获良多。

书成之后，好评如潮，数十年来一再改版翻印，直到现在。经典常读常新，当时对经典的现代解读目前也仍未过时，依旧在散光发热，滋养民族新一代的灵魂。只不过光阴毕竟可畏，安托与信疆俱已逝去，来不及看到他们播下的种子继续发芽生长了。

当年参与这套书的人很多，我仅是其中一员小将。聊述战场，回思天宝，所见不过如此，其实说不清楚它的实况。但这个小侧写，或许有助于今日阅读这套书的读者理解该书的价值与出版经纬，是为序。

致读者书

陈修武

亲爱的朋友们:

    首先我应该把我写这本小书的原则,连带把亲爱的读者朋友们在看我这本小书的时候应该有的心理准备交代一下。

    平常我们会听到一些讲经典的先生们说:"我这是'深入浅出'。我是从来不作'玄谈'的。"老实说,我一听到这句话就讨厌。因为,这句话根本就是"浅薄"二字的代名词。"不作玄谈",就是讲不出个道理来。再说,什么叫作"深入浅出"?这完全是一句骗人的话。真正"深入"的东西,就不能"浅出";真正"浅出"的东西,就表示没有"深入"。上帝不管多么万能,也造不出一个既"深入"又"浅出"的、自我矛盾的学术怪兽来!

    亲爱的读者朋友,我不知道我的这个想法你是否能够接受。不过,在这里,我想告诉你,读书千万不可贪图容易,不可只想一看就懂。因为,这样只能使你浅薄。我这本小书写得好不好是另外一回事,至少我绝没有意思使你浅薄,绝没有打算使你一看就懂。

第一部分讨论荀子其人与其书的问题，其中一些教科书式的介绍是最不重要的，你大概真的可以一看就懂了。但是，你必须好好留意我写韩非、李斯的那两小段和写孔子的那一大段。这三个人被我们近代人误解、曲解得很厉害。韩非的学术思想、李斯的行政作为，明明是有待认识，偏被人解释成人类集体生活中光明峻伟的真理所在；孔子的教训，明明是人类集体生活与个人精神生活光明峻伟的真理，却偏被人解释成罪恶的根源或是俗不可耐、令人讨厌的说教。近代人的贪浅好怪，从对这三个人的理解上就可以看出来了。

第二部分标题为"荀子的真形象"，是我借一个宣传名词而定的。近代人除了贪浅好怪之外，还有一个挺大的毛病就是"趋新"。政治上的"创造国家新形象"，学术上的"新论""新说"等都是以这种毛病为病根的病象。我们应知"新"是个时间进展中形成的概念，今天是"新"的，明天就"旧"了。再说，能"新"到什么程度？真是前所未有吗？突然间从天上掉下来的吗？

所以，我总以为无论为人为学，标"新"立异固然可取，但求"真"更好。这就是我以"荀子的真形象"命名这一部分的原因所在。当然，我究竟能否把荀子的"真形象"说出来，自然是另外一回事。至少，我是朝这方向努力的。

在这一部分中，请注意三个问题。

第一个是性善、性恶的问题。这是一个非常恼人的学术问题，也是一个决定你、我与所有人生死祸福的最根本的问题。你既没有资格小看它，也没有资格推给"学术"不管它。你可以不管它，它却非管你不可。一个人的眼睛在这地方是不能不亮一点的。我的分析，应该不会误导你。

第二个是韩非、李斯的有待认识问题。有人说历史不可重演。这完全是一句假话。历史是绝对可以反复重演的，只是演员不同，事件不同而已。韩非、李斯学说主张、实践的形式与它所造成的后果，如果我们不找出来再加认识，历史随时随地都可以重演。

第三个是荀子学术思想真实价值之所在的问题。在这方面，我绝不是像古人作八股时"护题"，非要把自己的题目说得十全十美不可。我写这本《荀子》却并非把它当作一个完美的对象来处理。这用不着我细说，读到这个地方你自己必将会发现。荀子有很大的误谬，也有很大的独到价值。他的误谬，我们当然要扬弃；他的价值，我们当然要认取。他的价值在哪里？同样，你读到这个地方，自然就会发现。

本书的第三部分是《天论》篇的疏解。天论，实在是荀子三十二篇之中最精彩的几篇文章之一。如果仅就"精彩"程度而论，说它是最精彩的一篇也不算过分。我是一句一句予以阐释说明的。全文四万多字，随着荀子原文的发展，我把他牵涉的问题一个一个地疏解给你听。他的问题到今天还是很"新"的。正因为他的文章与问题都很精彩，我的疏解有时也甚不庸俗，可读性颇高。

第四部分是除《天论》篇以外荀子其他重要篇章的大义述评。我共写了二十篇。行文的长短不一。依其篇章的不同，我的写法也各不同。有些我只把大义宗旨介绍一下，有些我把其中重要的几段用白话文重述，有些我针对他的问题加以厘清批判，有些我则借他的题目发挥我自己的感触与见解。

我那些批判与发挥大概都应该是值得读一读的，有时我自己也写得兴致淋漓，像写《天论》篇和荀子的真形象一样。譬如《礼论》篇、《乐论》篇和《君道》篇，我的述评都是相当具有启发性的。

如果你能顺着我所写的好好看一看，我想你应该能在这本小书之中得到许多令你欣喜欢乐的好处。你既可以认识荀子，也可以认识其他许多比荀子更重要、更伟大的人物。那些人物，同荀子一样，在人类历史文化中永远都是生机勃勃的。

我希望每位读我这本小书的读者朋友都嫌我写得太"浅显"了，当然，我更希望有读者朋友嫌我"浅薄"的！

这封信就到此结束，谢谢你们。

附：书中引用荀子原文的地方，我把好多古体字都改为现今通行的字了。

目录

目录

第一章

荀子其人和其书

（一）他究竟姓什么？

说到荀子，第一个使我们困惑不解的问题大概应该是他的姓氏了。他究竟姓什么？在自汉以来的记载中，甚至在他自己的书中，都有两种说法：一说他姓荀，一说他姓孙。像他这样一位在历史上很有名而且很重要的思想家，竟连一个确定的姓氏都没有，那不是一件很奇怪的事吗？但事情就是这样的奇怪，他真的没有一个确定的姓氏。我们现在称他为"荀子"，只是遵循司马迁《史记》的记载。除《史记》外，其他有关荀子的古代典籍，像《韩非子》《战国策》《韩诗外传》《盐铁论》等都说他姓"孙"。这些书，也都是我国历史上很重要的文献，而且也都是像《史记》一样是让我们信得过的文献。再说《史记》许多地方还是直接从《战国策》上抄来的呢！

面对这一个问题，我国以前的学者，提出了三种不同的解释。

第一种解释是，荀子原来确姓"荀"，可是在汉代有一个皇帝汉宣帝（前73—前49年在位），名字叫作"询"。当时的人为了避他这个讳，便把荀子改姓"孙"了。这就是我国古代所谓的"避讳"。

避讳，是我国古代一种很特殊的仪礼制度，就是君主和父母的名字，做臣下和子女的既不能直接用口说出来，也不能直接用手写出来，还不能在一般的谈话和书写中间接说出来或写出来，总是要设法避一避的。如果没法避开，大都采取下列三个方式来处理。那就是：

1. 把原字缺一笔。如小说《红楼梦》中林黛玉的母亲名叫"敏"，所以林黛玉每写到"敏"字时便不把这个字完全写出，总是少最后一画。古书中这种例子是最多的了。所以，学者就根据这种"避讳"来断定古书写成或抄成的年代。

2. 用一个意思相同或相近的字来替换一下。如战国末年有一个很有名的辩士叫"蒯彻"，后因汉武帝名叫"彻"，汉代人就把他改成"蒯通"了。唐代的人把"民""治"两字换为"人"和"理"，便是要避唐太宗李世"民"和唐高宗李"治"的讳。

3. 换一个字音相同或相近的字。汉代人因为汉宣帝名叫"询"，荀子便不能姓"荀"，于是就给他改一个与"荀"音近的"孙"。这种例子在古书中也是很多的，我们就不列举了。

可是，这种避讳的说法是不能使人信服的。原因是汉宣帝后汉代人抄述前代人书籍中引述到姓"荀"的人，如《左传》中的荀林甫、荀莹都未改，而且汉代一些有名的姓"荀"的人物如荀淑、荀爽、荀悦也太多了。他们为什么还照姓其"荀"而不改呢？

第二种解释是"荀"和"孙"在古代的发音是很相近的，也很可能是相同的。古人常把音近或音同的字替代使用，在古书中的确是一种非常普遍的现象。这可说是我们在读古书的时候所遭遇到的最大麻烦。其实，这情形直到今天还有，在繁体字里，"了解"就常以"瞭"代"了"，写成"瞭解"。如果"了""瞭"字音不同，我们一定不会这样地替代使用。

第三种解释是姓和氏的混用。以前在西周之时，宗法制度很严格，姓是姓，氏是氏，不能混用。但是到了春秋，乃至于战国时代天下大乱，姓、氏便混用了。如晋文公的一位大臣原轸，也叫先轸。战国时代秦孝公那位有名的宰相商鞅，其实并不姓商。他原姓"姬"是周天子的同姓，是卫国的公族。他长大后从卫国到魏国，卫国人便称他为"公孙鞅"或"卫鞅"，直到他助秦孝公变法图强，秦孝公把他封到"商"，后人才称他为"商鞅"。荀子的"荀""孙"互用可能也是因类似这样的情形而来的。

　　这三种解释，实在说来，只能算是一种"解释"而已，都不能为定论。因为，像这样有关古代史实的考证都是不能彻底"考证"明白的；任何考证都是一个无穷的复杂的命题。不过，我们现在大都采用第一种说法。这完全是为了避去这种"无穷的复杂"而已，并不是说我们就认为第一种解释是可信的，其他两种都不可信。它们都同样有其可信之处，也同样有其不可信之处。

　　说完他的姓，再说他的名。

　　他名叫"况"，古书中也有称他为"荀卿"或"孙卿"的。"卿"不是名，而是战国时代对人的一种尊称，和古书中的"子"字有同一作用。战国末年，那位因替燕太子丹刺秦王而有名的荆轲，当时就被人称为"荆卿"。和这"卿"字相似的，就是"先生"。

（二）一生的经历

　　荀子一生的经历，说来实在是很难详考的。

　　我们现在要了解荀子的生平事迹，大概只能根据两种材料：

一是《史记》中的《孟子·荀卿列传》，二是刘向在整理荀子书时所写的一篇序文，称为《孙卿新书叙录》。刘向是汉末的人，比起汉武帝时代著《史记》的司马迁自然晚了许多。所以，《史记》有关荀子的记载就是荀子生平的最早文献。刘向的记载虽然晚一点，但是刘向是一位历史上非常认真的整理图书的专家，态度严谨，为后人所称道。所以，他的记载，大体上应该也是很可信的。

我们现在就根据这两种材料，大概叙述一下荀子的生平事迹。

荀子是战国时代的赵国人，生于公元前315年前后。赵国的位置就在现在山西省的中部、北部和河北省西部一带。在历史上，它与其他六国秦、齐、燕、韩、楚、魏，被称为战国七雄。七雄互相争战。这样，人民就处在连年不停的兵祸之中。孟子说："争地以战，杀人盈野；争城以战，杀人盈城。"那真是对当时战争惨烈的一个最好的写照。

在这样一个时代，一般老百姓除了被动地受苦，实在没有别的任何选择。可是一些智能之士便不然了。他们总是要想法子主动地在那个时代中有所作为。一方面努力避去时代加在人们身上的普遍灾难；一方面自然是去改变那个时代。个人的力量有限，于是他们便群聚在几个特殊人物的领导之下形成一种集体的力量。这些特殊人物，或在社会上或在政府中，自然便以收揽智能之士为主要工作。这便是战国时代招致门客之风的由来。在那些特殊人物之中最有名的就是魏国的信陵君魏无忌、赵国的平原君赵胜、齐国的孟尝君田文和楚国的春申君黄歇。这就是有名的战国四公子。他们各有门客三千人。天下的智能之士自然便多归属到他们的门下为荣。这些所谓的"门客"，当代与后世多称之为"士"。一说到"士"，我们很自然地想到知识分子；一说到知识分子，我们很自然地想到学问、人品都很好的人。

其实，并不一定。那些所谓的"士"，许多都是学问与人品都很差的人。荀子就不愿与他们为伍。

当时，赵国有平原君在招贤纳士，赵国南邻魏国的信陵君也招揽门客。他们的门下都号称有三千志士。据史书记载，那时的天下志士都不远千里去到他们那里，都认为到他们那里是一种光荣。可是，说也奇怪——其实也并不奇怪——在他们的附近有一个"士"就是不到他们那里去。

那便是荀子。

荀子自己修身立学，根本就没有把平原君、信陵君和他们的门下之士看在眼里。根据史书所载，他在赵国默默无闻地一直到五十岁才离开赵国到齐国去。那时正是齐襄王的时代，齐国被乐毅用燕国的军队打得大败几乎灭亡，幸赖田单用计复国。不久襄王力图恢复，延揽了许多有学问的人来做助理。荀子到齐，襄王便任命他做祭酒。据说，十年之间，荀子曾三次做齐国的祭酒。

"祭酒"是古代的官名，其职责是在祭祀的时候引导与祭人向神明献酒。祭祀在古代是国家的重要事务，其慎重的程度与用兵打仗没有差别。所以说"国之大事，唯祀与戎"。主持这种祭典的人都是道德、学问、资历最高的。所以祭酒的地位很高。从表面上来看，祭酒只管领导祭礼时的献酒。其实，正因为他们的道德、学问和资历都很高，他们常常也是国君的最高咨议。所以，一直到现在我们还时常称在某一行业中有最高成就的为"祭酒"。

　　荀子在齐国做祭酒，引起齐国许多小人的嫉妒。这样，很自然地，许多不利于荀子的谣言和诽谤便被制造出来并传播出去。荀子不得不离开齐国。

　　荀子离开齐国，之后到了楚国。这时楚国正是春申君黄歇当政的时候。春申君任命荀子做兰陵令。这年是周朝正式灭亡的第二年（前255年），距秦始皇继承王位（前247年）不到十年。兰陵大概就在现在山东省枣庄市峰城地区。那个官职并不是很大，但这个不很大的官职，他也未做长久。后来春申君被杀，他的兰陵令自然也做不成了。不过，他这时年事已经是相当高了，再加上时局已混乱到了极点，于是未作迁居之计，终老兰陵。他大概活到八九十岁才去世。

　　荀子影响于后世的，有两个学生和一本书。两个学生就是韩非和李斯，一本书便是我们在这本小书中所要讨论的《荀子》三十二篇。

（三）韩非

　　韩非虽是荀子的学生，但在真正的学问上，却根本接不上荀子。对老师学问的真精神，他毫无体会与认识。但是，他毕竟是一位非常有头脑的人。他没有得到荀子学术的真精神、真意义，却借着荀子的教导加上对老子学术的悟解并继承了先秦法家的思想，而且为法家思想创立了一个哲学根据。

　　说到法家，韩非之前有商鞅、慎到与申不害三人。一般说来，慎到重势，商鞅重法，申不害重术，这就是所谓的法家三系。其实，商鞅都已兼而有之了。所谓势，就是客观的形势，时代的潮流。慎到重视，商鞅也重视，只是商鞅没有特别提出来成为一个突出的原则而已。不仅法家重视，就连儒家的孟子也不否认它的重要性，所谓"虽有智慧，不如乘势"便是这个意思。只是贤者在乘势之后能"好善而忘势"。所谓术，即是主观上的心术。在法家特指帝王个人阴深莫测的心思运用。帝王必须有这种术，才能驾驭驱使其臣下，否则，一定会成为被其臣下利用的工具。所以，申不害重之。而申不害重之，商鞅又何尝轻之？这样的心术，儒家任何人都是不能承认的。

一般说来，韩非是法家商鞅重法、慎到重势、申不害重术的集大成者。这种说法严格地讲是不能真正成立的。一个很清楚的事实是，韩非除了一本书之外没有任何具体的成绩留下：他重法，却没有一本法典留在人世间；他重势，却完全没有掌握自己生活于其间的客观形势；他重术，却一点心眼儿都谈不上。在现实中，可说他是一个彻底的失败者。

但是，韩非确实是先秦法家的一个重要人物。那是因为他为法家之法、势、术创立了哲学基础，建立了一种形而上的根据。但是，在他的哲学中法与势是第二序列的东西，术才是第一序列的东西。所以自秦汉以后，申、韩并称。术，像我们前面所讲的，是一种心智运用。实在说来，原是属于个人禀气的问题。一个人是否具有这种心思，只是生理上的偶然，不是道理上的必然。韩非就要使它道理化、必然化。他的凭借便是老子的道家哲学。所以太史公司马迁在《史记》中便把老、庄、申、韩放在一起。这是很有道理的。

韩非借老子的道家哲学，道理化、必然化申不害的"术"，使君主之心成为一种心智运用，并以这种心智运用任法乘势。法与势，本来都是中性的，可以实现价值，也可以否定价值。但是，由这样一个心智运用所乘之势，所任之法则必然是否定价值的。再者，韩非又窃取曲解了他老师荀子哲学中"性恶"说，否定所有人的人格价值，污名化整个人格世界。而且，比起商鞅、慎到、申不害来，他又是有形而上的根据的。

（四）李斯

李斯是韩非的同门，他们曾一同在荀子门下求学，后来都背离儒家，同归于法家。如果说韩非是一个理论家，李斯便是一个实干家。李斯助秦始皇灭六国，一统天下，以使书同文，车同轨，实在说来，都是极具历史价值的，可谓有功于中华民族。但是，他实施愚民政策，秦始皇焚书坑儒都是由他一手设计、执行的。他否定属于人性光辉和人格价值的东西，如孝、悌、仁、爱、忠、恕等等，把天下老百姓都当作愚民。

他与韩非是荀子门下的同学，二人原本是很要好的。可是等到他在秦国受秦始皇任用为丞相主理秦国政事的时候，韩非去找他，他却把韩非囚了起来。韩非最终被他囚死在狱中。韩非在狱中写了一本书，就是流传到现在的《韩非子》。有讽刺意味的是，这本《韩非子》被李斯拿来做了他处理政事与为人处世的根据。

（五）荀子的老师——孔子

荀子出生距孔子之死（前479年）约有165年。他自然是没有见过孔子的。不过像孟子一样，他也是私淑于孔子。所谓"私淑"，就是对于前代有道德有学问的人心存景仰而不能亲身向他问道求学，便以他作为自己做人为学的模范。孟子与荀子对孔子便是如此。孟子与荀子不仅私淑于孔子，而且他们也真正地继承并发扬了孔子思想。所以，要想了解孟子或荀子都必须先了解孔子。这是任何人都不能否认的事实。

可是要了解孔子，在今天实在是一件非常不容易的事，因为近代我们对这位中国文化中最伟大的人物误解、曲解得太多太大了。现在，为了切合我们的题目，就让我们用《汉书·艺文志》上的两句话来说吧！《汉书·艺文志》说，孔子"祖述尧舜，宪章文武"。这是两句非常有意思的话，可是一般人对它的了解，多是浮泛不恰当的，甚至完全没有了解，认为那只不过是一种普通的像"系出名门"那样的无意思的夸赞词句而已。

有些人说，这就表示孔子的学问都是有所继承的。孔子不是自己也说"吾述而不作，信而好古"吗？也有些人说，这就表示孔子是一个彻头彻尾的"复古"主义者。

如果我们肯平心静气地来好好想想这两句话，就会发现它说明了孔子不仅是一位有完美道德的人，也是一位具有历史智慧的人。

文、武，就是周文王和周武王。宪章，就是我们平常所谓"效法"的意思。孔子的"宪章文武"，我们可以在《论语》中得到证明。孔子一生所追求的目标就是周文王和周武王治理天下的道理，而且还想把这些道理实现出来。所以当卫国一个叫公孙朝的人一天问子贡孔子究竟在"学"些什么时，子贡便回答他说："文武之道，未坠于地，在人。贤者识其大者，不贤者识其小者，莫不有文武之道焉。夫子焉不学？而亦何常师之有？"在子贡的心目中，孔子不仅有学问，而且学的还是文武之道；不仅学的是文武之道，而且是文武之道的"大者"。这样的学问自然不是普通的学究所能教的，所以他没有"常师"。

常师，就是一定的老师。其实孔子不仅学的是文武之道，且正如前面所说，更以重新实现文武之道为他的一生志向。他真切地感到这就是他一生使命所在，上天生下他就是要他来完成这个使命。所以，当他在匡受到生命的威胁时，他这种使命感很自然地把自己的生命与历史认同，与文武之道认同，说："文王既殁，文不在兹乎？天之将丧斯文也，后死者不得与于斯文也；天之未丧斯文也，匡人其如予何？"在孔子看来，天之所以把他生于人世间，根本就是为了要他重新实现文武之道，只要"天意"未改，匡人便不能奈何他。

由此，我们可以知道，前面所说的孔子的历史智慧并不是普通读历史书、知道一些历史事实的聪明才智，而是一种具有使命感的生命智慧。这种智慧使他很自然地与中华民族的历史合而为一。"我"就是历史，历史就是"我"，这就是孔子的历史人格。

现在，有两个问题我们需要解决了。

一、历史上的圣王很多，孔子为何一定要以文武为宪章呢？

二、孔子是殷商人的后代，他为什么一定要以取代殷商的周人为自己认同的对象呢？

由后一个问题，我们可看出孔子的伟大，由前一个问题，我们可看出周人的伟大。周人的伟大，是他们能在我国历史上建立第一套完整的政治、教育、社会、经济制度；孔子的伟大，是他不以狭隘的族类意识自我限制。他是整个民族的历史文化意识，在那个时代，也就是整个人类的历史文化意识。

现在，让我们再把论题拉回到孔子历史文化的意识中。

《论语》中载有子张问孔子"十世可知也"一章。孔子回答他说："殷因于夏礼，所损益，可知也；周因于殷礼，所损益，可知也。其或继周者，虽百世可知也。"可见夏、商、周三代都是孔子所肯定的。夏、殷二代之礼，虽文献不足，孔子也自称"吾能言之"，但他最称道的却是周礼。且不仅称道而已，更直截了当地说："周监于二代。郁郁乎文哉，吾从周。"周，根本就是他终生向往的对象。这里所谓的"文"，就是周的诸制度。"郁郁"就是盛美的意思。周的制度之盛美，就在于那个制度将理想与现实结合了起来，是将周那个大帝国的成就与每一个普通老百姓的成就结合了起来。在这双重的结合中，达到了"文明以止""化成天下"的"人文"理想世界。

这几个术语都出自《易经》的贲卦。

"人文"就是根据人之所以为人的道理而制定的制度。这种制度代表一种理想，一种光明，故曰"文明"。"文明以止"，就是说，这种文明既然是根据人之所以为人的道理而建立起来的，它便应当是人们行为的必然依赖。人在这种依赖中，既成就了那个制度，也成就了自己人之所以为人的一切根据，这便是所谓"化成"。天下人皆能如此，故曰"化成天下"。

　　当然，这是一种极具理想性的政治成就。西周政治，在现实上，并没有达到这种成就。"尧舜其犹病诸！"事实上，也没有任何政治真能达到，但任何政治都不能不以它为必须达成的理想。代表西周政治的那些制度便是如此。因此，孔子要"从周"，并以西周制度的实际创建者周公为自己梦寐以求的理想人物。

　　西周的制度到东周出了问题，或是被破坏，或是被一些野心家利用来做危害人民的事情。孔子不是不知道。不过，孔子认为那主要是人的因素。任何好的制度，如果执行不得其人，不仅无法达到其预期目标，甚至还会产生反效果。孟子说的"徒法不足以自行"便是这个意思。所以孔子有"人而不仁，如礼何？人而不仁，如乐何"之说。礼、乐都是现成的制度，不得仁人而执行，它就不能起真正的好作用。再说，西周制度到东周出了问题，与人们对这些制度的了解程度和方式也有关系。子贡说："贤者识其大者，不贤者识其小者。"这大者、小者，其实就是真者、假者。对于西周制度，一般人并不能真正了解。无知的误解与刻意的曲解，都是有害于西周制度的。由孔子"礼云礼云，玉帛云乎哉？乐云乐云，钟鼓云乎哉"的慨叹，我们就可知当时人对西周制度了解之"小"了！因此，摆在孔子面前的两件事：一是重建对西周制度的正确了解；二是重建对人之所以为人的正确认识。怎样认识人的意义，怎样了解西周制度的意义，就成了孔子教育其门徒的根本课程。

　　在怎样正确了解西周制度这方面，我们都知道，孔子是把那些"布在方策"的"文武之道"作为其主要教材以教育青年的。而且，他的教育内容、教育方式与教育目标，几乎全是承袭西周制度的。孔子不仅以它为教，而且他栖栖遑遑奔走天下为的也就是要实现它。孔子以为，天下、国家、社会、人生，都必在制度中达到至善的境地。制度，就是所谓的"礼"，它代表事物成就的秩序。落到历史上来说，它就是所谓的"文武之道"。

这就是孔子"宪章文武"的意义与方式。

孔子"祖述尧舜"的意义与方式，可不是这样的。

从历史发展与政治制度的角度来看，尧、舜的唐、虞之世，不仅在今天是难以考证的，孔子时代已经是如此了。孔子曾说过："夏礼吾能言之，杞不足征也；殷礼吾能言之，宋不足征也。文献不足故也。足，则吾能征之矣。"杞是夏的后代，宋是殷的后代，陈是舜的后代。这在西周的封建制度中，叫作"三恪"，周初时认为他们都曾有功于天下生民，所以把他们的子孙都封为诸侯来保存其祭祀。按理，这三国都应该保有其祖先的"史料"可作后人的"考证"之资。事实上，并未如此。照孔子所说，杞、宋二国都已经不能作为考证夏礼、殷礼的依据了。那么，陈国自然更不能提供给人们考证虞舜时代历史事实与政治制度的可信资料了。

唐、虞之世的政治制度不可考证，不仅孔子时代如此，西周之初亦是如此了。周存"三恪"只上及虞舜。据说只把一个传为虞舜之后的胡公封在陈。当然，也有人说所谓"三恪"是黄帝、尧、舜之后。可是，至少我们到今天还不知道西周是把黄帝和尧的后裔封到哪里去了。即使真有此事，孔子也是不及见的，更不必说凭借他们来考证其祖先的政治制度了。

所以，孔子"祖述尧舜"完全不是从在政治制度的角度用心用意的。

其实，孔子"祖述尧舜"的动机与目的，究竟何在呢？在于德性的点醒与提升。

"徒法不足以自行"，任何"好"的制度都必须由"好"的人来执行，才能获得"好"的效果。故孔子曾慨叹道："人而不仁如礼何？人而不仁如乐何？"仁，就是一个人应该具有完美的德性。在孔子看来，礼乐都是很好的东西，但是如不得"仁人"来主理，也是不能对国家社会有好处的。而且，不仅主理国家社会政务的必须具有这样完美的德性，组成国家社会每个成员也都要具有这样完美的德性。这理由很简单，国家社会不能脱离组成它的成员而单独地存在。所以，如何使国家社会的每一成员都成为具有完美德性的"仁人"，便是孔子毕生主要用心与努力的所在了。

方式可能有许多种，但是最基本而有效的一种便是直接而具体的点醒，要人体会到这完美德性的成就，其基本因子就在自己的生命中，也就是人之所以为人的生命本身，给予自己人之所以为人的生命以滋养、发展、成长以至充实饱满，便是德性完美的成就，也就是所谓的"仁人"了。而这"点醒"的方式，也有许多，而最基本有效的一种，便是借着历史上德性人物的提示使人产生一种"舜何人也，予何人也，有为者亦若是"的向往情怀。

孔子之"祖述尧舜"便是这种形式。

尧舜与文武，都是既有德性成就又有政教成就的人物。用古人的话来说，都是圣人而在位者，都是荀子所谓的"圣王"。但是，孔子对尧舜、文武这两组"圣王"的态度并不是完全一样的。也就是说，孔子借尊仰他们这两组圣王所要达到的目的并不是完全一样的。孔子"宪章文武"是因为文武既是德性的模范，也是政教的模范，而且重在他们的政教模范意义，他们的德性在其政教中凸显而成就。尧舜的政教，在孔子之时，早已泯然无可考证。即便由《尚书》所载尧舜那些史实都全是信而有征的，那也是原始而简略根本不适合春秋时代的社会需要了。所以，孔子对尧舜这组圣王的"祖述"完全是德性意义而非政教意义。

庄子曾称孔子的学术为"内圣外王之道"。这意思是很对的，他这种对孔子学术的体会与论断确实是至为真切的。若照庄子的意思来，我们可以说孔子的"宪章文武"是要显其外王精神，孔子的"祖述尧舜"是要显其内圣精神。当然，此处"要"的所为，并不是"专主"的意思。这两种精神事实上是密不可分的。尧舜当然不仅是"内圣"而已，文武当然也不仅是"外王"而已。

现在，让我们看看孔子借尧舜来点醒并提升世人完美德性的根本，与其应当具有的内容与境界。《论语》中有极为类似的两段：

一、子贡曰："如有博施于民，而能济众，何如？可谓仁乎？"子曰："何事于仁？必也圣乎？尧舜其犹病诸！夫仁者，己欲立而立人，己欲达而达人。能近取譬，可谓仁之方也已。"（《雍也》）

二、子路问君子。子曰："修己以敬。"曰："如斯而已乎？"曰："修己以安人。"曰："如斯而已乎？"曰："修己以安百姓。修己以安百姓，尧舜其犹病诸。"（《宪问》）

　　在这两段之中，孔子借着尧舜指点出一个具有完美德性人格的"仁人"，他所应该完成的工作内容是无止无境的；但是，一个人要做这种德性完美的"仁人"的起点，却在个人，即"己"处。《大学》中说的"自天子以至于庶人，壹是皆以修身为本"就是这个意思。《论语》中也有"为仁由己"这句话。这里，我们要问："这个'己'是从哪里说的呢？"这个问题答案只能有一个，那就是要从"心"说起，就是要从"己欲立而立人，己欲达而达人"的"欲"上说。这个"欲"，不是我们平常认为欲望的欲，而是"意志"，特别是这种要成就一个德性完美的"仁人"的意志。这种"意志"不在尧舜处，不在文武处，也不在孔子处，只在我们每个人的"自己"那里，而且，也是只有我们自己才做得了主。

　　德性成就必以立人、达人、安人、安百姓为内容，德性成就又必以个人的"意志"为根本。这便是孔子学术的通内通外，内外为一而不二的意义。

　　此外，孔子借尧舜指点出这种通内通外的德性人格，同时也是彻上彻下通天人而为一的。天，在这里有自然的意义，有绝对的意义。也就是说，这种德性成就的"仁人"人格，并不是人"故意"做作出来的，而是自然的流动与生息。同时，它也不是人想有就有，不想有便可以没有的，而是非有不可的——人只能在不承认自己是个"人"的时候才可以没有它。因此，人的德性成就，必须省觉到这种程度。这样的点醒当然是一步提升，它提升了人们德性成就的境界。现在，就让我们看看《论语》中记载尧舜的这句话：

　　尧曰："咨！尔舜：天之历数在尔躬。允执其中。四海困穷，

天禄永终。"舜亦以命禹。（《尧曰》）

　　"四海困穷，天禄永终"历来无定解，根据其上下文的意思，其义大概是说在"四海困穷"之时，一个仁人肩膀上的责任是长远而永久的。天禄，即天之历数，即今日所谓的"使命"。一个"仁人"必须体会出他的"使命"乃是自"天"而来，不可推卸，责无旁贷，而且必须做到尽善尽美。尧这样告诉舜，舜这样告诉禹。这即表示尧舜都有这种自觉；尧舜有这种自觉，我们每一个人也必须有这种自觉。

　　这便是孔子的教训。

　　这便是孔子的人格。

　　这便是我们了解孔子应该遵循的轨道与方向。

（六）荀子的书

　　现在我们所谈的《荀子》一书，共有三十二篇。不过，像其他先秦的书一样，根据近代人的考证，名义上虽说是荀子所著的，实际上却并不是荀子的著作，而是经过后人不止一次纂集、增订而成的——其实，荀子当时有没有一本完整的书，也是很难确定的。应该有些散篇的文章，但未必就有一本完整的书。一本完整的书，应该是在荀子死后，他的一些无虚名而有实学的弟子，纂集整理他已成篇或未成篇的文章而成的。

　　这本书，在西汉初年已经是很流行了。他的某些观点，像对人性与国家政治、经济的意见，都被西汉儒者引用来作为他们的主要观念。也许是因为他的两个学生韩非、李斯帮助秦始皇毒害天下太厉害了，所以西汉的儒者们并不以他为宗师。

第一次把荀子的书通盘加以整理的是西汉的刘向。刘向当时奉朝廷之命整理天下图书，整理荀子的书只是他工作的一部分而已。这本书被他定名《孙卿书》，共三十二篇。这就是现在我们读到的这本《荀子》。在这三十二篇之中，有些篇章可看出是荀子亲自著成的，但也有些篇章很显然并非经由荀子自己著成，而和其他书如《礼记》《韩诗外传》雷同、重复之处甚多。

《孙卿书》自刘向整理之后，大概是很少人读过的，顶多有人把它传抄起来当古董罢了。辗转传抄，便不能没有错误。因此，这本书到了后来便很难令人读得下去。这就需要再次整理。第二次整理荀子书的是唐代的杨倞。他不仅整理这部书，而且还加以注释，并定了一个一直沿用到现在的书名——荀子。不过，这本书仍未受人重视，也因为唐、五代实在没有真正的儒家学问。

宋朝一开国（960年）便注重儒家学问。加上后来程、朱、陆、王号称"宋明理学"的新儒家学术成立，直到明末（1642年）六七百年间，虽是儒家学问鼎盛的时代，荀子却仍一直受冷落。陆象山、王阳明与荀子的思想实是格格不入，固然要冷落他。可是，像程颐和朱熹，他们的思想底子可以说根本就是荀子的，也要冷落他，这就有点怪了。这大概是因为荀子主张性恶又太注重国家政治问题之故吧！

杨倞大概是唐宪宗时（814年）人，距清代乾嘉年间（1736年—1820年）历一千年；自荀子本人至清乾嘉年间，历两千年。乾嘉年间是考据之学鼎盛的时代。考据工作的对象，除了古代的名物制度，就是古书的篇章句读和解释训诂了。正因为荀子的书两千年来没人理会，所以问题就特别多。这样，便提供给考据工作者用武之地。

清代乾嘉以来对于荀子章句、训诂的考证很多。后来大多都被清末王先谦收在他的《荀子集解》一书之中。乾嘉学者确实在荀子的章句、训诂方面替我们解决了不少的问题。所以王先谦这本《荀子集解》，是我们要认真读荀子时必须参考的一本书。

可是王先谦这本《荀子集解》，只是一本辨明章句、训诂的书，对于荀子的哲学思想，就没有什么阐发了。而荀子在我国历史上正是一位非常了不起的思想家，也可以说是哲学家。因此，当我们要认真地读荀子之时，除了要弄清楚其中的章句、训诂，自然还要弄清楚他的哲学思想。

辨明章句、训诂，有辨明章句、训诂的规矩与义法。

辨明哲学思想，自然也有其特定的规矩与义法。

要辨明荀子的哲学思想，除了必须读一般哲学思想的训练和工具书，近人牟宗三先生的《荀学大略》是绝对不可不读的。《荀学大略》从书名上看虽只是一个"大略"，其实就是荀学之"精要"，乃是荀子哲学思想的神髓。如果没读过这本《荀学大略》，读荀子是很难得其真解的。这本《荀学大略》现被牟先生收在《名家与荀子》一书中。当然，一个人如果能把牟先生讲先秦名家这部分也好好真切而有体会地读一读，读荀子就更可顺理成章地进入他的学问领域之中了。

第二章

荀子的真形象

（一）一位奇特的思想家

荀子，在中国思想史的领域内，其实是一个非常奇特的思想家。他的"奇特"可从两方面来说：第一是他思想本身的奇特；第二是他在后世所遭遇到的奇特。前者之奇特，是他能独树一帜，与众不同；后者之奇特，是他不仅未得到他应得到的尊敬、重视与传承，反而遭到不应该得到的刻意冷淡与轻忽。二者，其实是一件事，前者是后者的"因"，后者是前者的"果"，前者当由荀子自己负责，后者则必须由后人负责了。

荀子思想的奇特性在哪里？他这种思想的价值在哪里？后人这样对待他，后人应负的责任在哪里？也就是说，对应荀子的奇特思想，后人的思想弱点在哪里？

在回答这些问题之前，一些基本的了解是必需的。

我们都知道，在《周易·系辞传》中有句话说："天下同归而殊途，一致而百虑。"意思是说，普天之下有那么多学术思想的宗派，看上去个个不同，其实它们所要达到的目的却只有一个。当然，这些所谓的学术思想，仅是指那些主要以阐明天道与人生、心灵与生活的真理为宗趣者而说的，并不包括通常被我们称之为学术的各种科学，而相反却包括通常并不被我们称之为学术的各种宗教。

提起这些包括宗教在内的学术思想，很多人认为有一句俗不可耐却也是绝对真理的话可以界定它们的目的，那就是"都是劝人向善的"。这句话不仅引起了几乎所有宗教传道人与信徒们的反对与卑视，而且也遭到几乎所有学术思想工作者的反对与卑视。在这里，如果我们根据他们对这句话的反对与卑视追问他们一句："那么，你们一定是劝人向恶的了！"他们又必异口同声地反对道："那当然不是了！"这就很麻烦了。既非劝人为善，又不劝人为恶，那你们讲经、说法、布道、传教的目的究竟是什么呢？

于是，我们常会听到一些基督教信士告诉我们："我们的目的是在教世人获拯救，得永生。"我们常会听到一些佛门弟子告诉我们："我们的目的是在教人得解脱，证涅槃。"我们常会听到一些道家之流告诉我们："我们的目的是教人达到至人、真人、神人的境界。"我们也常会听到孔孟之徒们告诉我们："我们的目的是教人成就其圣人、贤人或君子的道德人格。"

这真是五花八门，不一而足。面对这么多的教训，面对这么多的目的，作为一介凡夫俗子的我们，真不知道究竟该何去何从了。"我究竟要听他们谁的话呢？"

我们陷入一个思想信仰的迷魂阵中了。

其实，事情并没有这么严重。

他们所谓的成就圣人、贤人、君子的道德人格也好，达到至人、真人、神人的境界也好；得解脱，证涅槃也好，获拯救、得永生也好，我们都可以用一句很简单的话来说，那就是成就完美的人格。这"完美"其实就是"向善"的"善"，所以完美也就是"完善"的意思。

说到这里，我们就可以知道，"教人为善"这句被一些人认为是俗不可耐的话，也自有它不俗的意义。其实，何止这句话，无论哪一句话都是一样的。用俗眼来看，它都俗，用不俗的眼来看它，它都不俗。孔子有"下学而上达"一句话，就是说"善"

有它为日常生活所限的"下学"的意义，也有它不为日常生活所限的"上达"的意义。自"下学"而"上达"，就是自俗中见不俗。佛家有真、俗二谛之说。俗义，就是佛家"俗谛"的意思；不俗义，就是佛家"真谛"的意思。真可通俗，俗亦可通真。天下事物、语言无真俗，唯人的眼睛有真俗。能于真中见俗，俗中见真，才算具有真智慧的真人，否则，只能于俗中见俗，真中见真，结果俗固为俗，真亦成俗，那才是天下的一品大俗物呢！试问，如果我们纯然从俗的眼光看来，"劝人为善"固然很俗，但那些真人、道人、解脱、涅槃、得救、永生又能不俗在哪儿呢？

当然，如果我们真不喜欢"劝人为善"那句话，我们就说"劝人成就完美的人格"总是可以的。这句话总没有人说俗吧！

"成就完美的人格"，说起来很简单，其实，它可能是我们人类历史上歧义最多，争论最多，也是我们为之打仗流血最多的一句话。在我国历史上，先秦诸子百家的争论，唐代儒、释、道的争论，宋、明二代程、朱与陆、王的争论都是为了它。这些争端实际有两种：一、争论什么是完美；二、争论如何能达到完美。这两个问题，在某些方面，是互有牵连不可分割的；在某些方面，是可以很清楚地分开处理的。"什么是"的答案，可能是一家一个说法，一人一个样子，真是言人人殊，莫衷一是；"如何能"的答案，就没有这么麻烦，方法只能有两个：一是认为，在我们人类的生命之中，天生便自有一个完美的种子，我们只能借由它的成长来成就我们完美的人格；一是认为，在我们人类的生命之中，根本没有任何可以属于完美的东西，我们必须依靠一个外在的完美权威来成就我们完美的人格。前者在佛家叫作"自力教"，康德所谓"自律道德"就是这个方式；后者在佛家叫作"他力教"，也就是康德"他律道德"的方式。

先秦诸子各个宗派，除法家之外，无论孔孟与老庄，甚至连后来从印度传来的佛教，都是彻头彻尾的"自力教"。因此，"自力教"在我们中国的传统思想学术中，是主流大宗。法家根本否定人生价值，它并不以每个人成就其完美的人格为目的，既不能说是"自力教"也不能说是"他力教"。严格说来，它是"他力"而"不教"。所以，它根本不能进入到这一问题的讨论中。在我国的学术思想史中，真正开始以"他力教"的方式以教人，而且有真成就的，就是荀子。荀子生于孔、孟、老、庄之后，自称孔子之徒，且自称真传了孔子的道术。鞭打老、庄，兼及孟子，独尊孔子，并以之为宗师，竟对孔子的"自力教"心灵全无体会。力主"他力教"的方式，而且还能讲出一大套学问，这就是他的第一大"奇特"。

荀子的第二大"奇特"是，他是我国自孔子以来思想家中最具有政治智慧的人物，也可以说是唯一一个具有政治智慧的人物。说到这里，一定有许多人反对。我们中国历代的思想家，除了道家，不是都深具政治兴趣的吗？当他们从政之时不是也把政事处理得很好吗？这是事实，不能否认。不过，这些都只能算是行政的运用。汉、唐两代都是运用得很好的，宋、明虽差一点也还算不错。不过，都不能算是真正的"政治"。真正的"政治"，必须是在民族共同生活中构建出一套共同遵守的制度。所以，构造制度的智慧，才是真正的政治智慧。这方面，周公、孔子以来就荀子才有。一般人只见孟子曾说到"民为贵，社稷次之，君为轻"那句话便望文生义地认为"孟子有平民思想"，其实真正有民主政治思想的是荀子而不是孟子。孟子道德意识极强，但说到政治意识，他距离荀子还相去甚远！

　　荀子思想的这两种奇特，直接形成他的第三种奇特，那便是他的科学头脑。近代人一提到我国古人的科学头脑，便会想到墨子和王充。其实这不是很相应的。王充只能算是一个极简单的怀疑论者。严格说来，他并没有一个成熟的理论系统，他的怀疑论也是粗糙得不成系统。至于墨子，他的书中确有些属于像今天物理学中的零碎知识，但他根本是个实用主义者。科学当然离不开实用，仅仅实用也并不一定是科学。科学之所以为科学，必须像政治一样要有一种系统的智能。墨子没有这种智慧，荀子却有这种智慧。除了这种系统的智能，科学最基本的心态就是以"我"来反观外"物"的架构形式。这种架构形式的心态在我们中国的学术思想史中恐怕只有荀子才有。

　　荀子思想这三种奇特在后世都有人承述，可惜皆非"善述"。这是荀子的不公，而且在秦代，更是当时天下生灵的不幸。

　　首先是荀子自己的学生韩非与李斯承袭了他的"他律道德"的观念，转而成为法家"他律"而不"道德"的观念。而这"他力"的"他"又是被他们固定在一个伟大的政治家和军事家——秦始皇那里。这样，自然流行于天下——韩非自理论上证成，李斯从现实中执行之。荀子主张"他律道德"毕竟是崇尚仁义道德的，结果竟出了这两个反自律道德的学生。就思想史的立场来说，这怎能不奇特？

　　韩非、李斯这两个学生，给荀子招来的麻烦实在是太大了。秦以后大家不愿谈荀子。西汉的两位政治理论家贾谊与董仲舒，他们的思想底子和努力方向，可以说都是荀子的。但是，他们都不肯承认是荀子的学术后裔，都自称是绍述孔子。不知是他们故意地回避，还是他们根本未自觉到这一层。但不管怎样，这都表示他们不能正视荀子学术的真价值，所以也不能得到荀子学术的真精神。否则，以他们高人一等的道德感、使命感、政治意识、历史意识，持荀子的真实学术必可有更为真实的政治成就。他们以在野之身都曾为汉帝国的发展指示出朝向真正理想的方向，汉帝国也曾在他们的指示下做了些朝向真正理想的改革。他们可以说是自秦以后唯一在政事中起真实影响的一对真儒。可惜，一方面因后继无人，一方面也是他们对荀子的学术没有真正的理解，他们的格局实在太小了，并未能给国家政治开出一条具有客观与永恒意义的道路来。西汉以后的儒者，在这方面更是不行，只能在狭隘的所谓学术与德性的小圈子中打转了。

朱子，在我国学术思想史中，是继荀子之后的又一位奇特人物。他的思想底子和方向，可说完全是荀子的，但绝对认同孟子，自称是孟子的学术后裔。他的荀学本质完全是潜存而不自觉的。他是一位标准的"他力道德"主张者，却很巧妙地把孟子"自力道德"的"性善"说运用到自己的学术思想中。通常我们一看到他那"性即理，心非理，心性不一"的说法都会认为是一种玄谈，其实这就是他"他力道德"的基本模式。在他的理论中，"性"是自天而来的，就是至善、完美或道德，所以"性即理"；"心"是人的根本，它能知理却不是理，所以"心非理"；天和人是两层的存在，自然"性"和"心"也是两层的存在，所以"心性不一"。他这样虽保留了孟子的"性善"论，却把"善"推到人生命以外的天上去，实际上是阳孟而阴荀。所以他在"他力道德"上，成了荀子的传人。

朱子又是一位极具系统智慧的人物。他的学问，体系完备，卓然成为一代大家。他与荀子不同的地方，只在他没有把他的智慧用在政治上而只用在学问上而已。我们可以说，政治上的智慧与科学中的智慧其实是同一个心灵直贯下来不同方向而已。因此，如果说朱子的学问具备了一种科学的形式，也并不为过。再说，朱子的"即物穷理"和他对《大学》"格物、致知"的解释方式，也都是前面所说"物"与"我"对立架构的科学基本形式。只是朱子把它用在人格道德上，没有把它用在自然物理上罢了。在这方面，朱子与荀子没有根本的不同。

荀子的学术，经过他的学生韩非、李斯的扬弃，至今只成了我国学术思想史的一股潜流。在政治上，贾谊、董仲舒不能正视他；在学术上，朱子不能正视他。连"正视"都不能，就更不必谈什么发扬光大了。荀子学问在我国历史上的潜而不彰，是中华民族发展中的一大遗憾。因为，这意味着我国真正政治思想与科学思想在萌芽之初就并不茁壮。秀而不实，苗而不秀，已经很值得惋惜了，何况由荀子所代表的我国政治思想与科学思想只是一个萌芽，连苗还没长成哩！

贾谊、董仲舒不能正视荀子，是受韩非、李斯借秦帝国以实践自己的政治主张的影响；朱子不能正视荀子，乃是被荀子性恶论吓着了。因此，讲荀子就不能不先讲他的性恶论。

（二）荀子的性恶论

一说到荀子，首先使人想到的就是他的性恶论。这正如一说到性恶论，首先使人想到的就是荀子一样。性恶论成了荀子的学术"标签"，荀子成了性恶论的所有权持有人。

孟子和荀子，都是先秦继承孔子道统的大师。在后世，孟子还被尊为"亚圣"。孟子力主性善，荀子力主性恶。究竟人性是恶的，还是善的呢？对这样的问题我们的态度有如下两点：

一、这确实是一个非常困扰人的问题；

二、这根本不是个困扰人的问题。

第二种态度，其实是没有态度的态度。我们根本不把它当问题，它自然是困扰不了我们的。对这一问题持这样观点的人有一个共同的想法，就是：有人主张性善，有人主张性恶。性善也好，性恶也好，我是既不赞成也不反对，我只每天吃我的饭，做我的事，追求我的学问，处理我的公务就是了。我是不管这些性善、性恶的闲事的。

这种态度，好像是很轻松，其实是极危险的。

危险在哪里？很难用一句话说出来。

在这里，我们可以用一个比喻作旁证。对这一个问题持这样态度的，就好像在选举中放弃自己选举权的人一模一样。别人在选举时都跑去参选，天气不好时还得冒雨雪、风寒，他们只在家里纳福，自然是很轻松写意的。但是在这"轻松"中潜伏着一种危险。因为，如果别人选出来一个好的领导，他自然是可以跟着蒙受福利的；如果别人选出一个坏的领导，他能够轻松地说"这与我毫无关系"吗？他可能因没有去投票免于这个不好的领导带给他的坏命运吗？自然不能！

持这种态度的人，面对这样的例子，会很不屑地冷笑一声，说："哪有这样严重！"

其实，事实上比这更严重千万倍。

这道理当然不是三言两语能说清的。在以后的讨论中，我们会随时把这种严重性解说出来。

现在，让我们看看第一种态度。

如果我们真在人性究竟是善或恶的问题中感到困扰，便是一个大好信息。这表示我们把它当作了一个问题，正视了它——它确实是一个值得我们重视的问题。

理由也不是三言两语所能说清的。我们也必须在以后的讨论中渐次地说出。

现在，让我们看看人性究竟是善的，还是恶的。

荀子是性恶论的坚决主张者。说到荀子的性恶论，必然会使我们想到孟子的性善论。而且对"性"的这种分歧解释，不仅在我国学术思想史上是个大问题，就是在整个世界的学术思想史上也不能算是一个小问题。虽然显隐程度不同，但是问题总是存在的。在我们中国，只要有人讲到先秦学术思想或儒家学术思想，都非要把这个问题拿来"比较研究"一番不可的。这理由很简单，同一个"性"被同是儒家宗主孔子学术思想的两大传人解释得如此不同，怎么不是一个引人注意的大题目呢？

其实，这些所谓的"比较研究"，少有不是胡扯的。因为，只要有人把这问题拿来比较研究，就表示他根本没有进入到这问题中去，只是浮光掠影、望文生义、咬文嚼字而已。一切学问，都坏在这种咬文嚼字上了。你说他不精通吗？他字字都说得有根有源；你说他精通吗？他根本连这个问题在哪儿都不知道呢！所以，明朝末年有一位大儒刘宗周就曾很感慨地说道："今人读书，只为句句明白，所以无法可处。若有不明白处，便好商量也。然徐而叩之，其实字字不明白。""无法可处"就是今天口语中的"拿他没办法"。他的意思就是说，当时的人读书只以为自己句句都明白就可以了。对于这些人，圣人也拿他没办法。

有学者动辄就拿荀子性恶，孟子性善来 "比较研究"，须知荀子的"性恶"和孟子的"性善"是不能"比较"来"研究"的。

为什么？因为荀子的性恶与孟子的性善，在荀子和孟子的学术思想中，根本不是同等级的观念。

"性善"，在孟子的学术思想中，是一个不可替代的根本原则。孟子所有的言语，都是根据它而说出来的。如果把"性善"的观念从孟子的书中抽取出来，孟子的教训就没有一句不是废话了。不仅孟子的学问全是以性善为根本，它也是我们每一个人成就自身完美人格的根本。在孟子看来，要成就一个完美的人格，并不是一件很困难的事，只要好好存心养性，扩充这个"性善"就可以了；没有这个"性善"，一切朝向完美人格的努力都是白费的，而且我们凭什么知道那个"完美"就是完美的呢？

"性恶"，在荀子的学术思想中就没有这种重要性。它没有资格作为荀子学术思想的一个不可替代的根本原则。如果从荀子的书中抽出"性恶"这一观念，不仅其他各篇都可照样成立，就是"性恶篇"本身也不必涂掉几句。荀子学问的目的，同孟子一样，也是要人们成就一个完美的人格。当然，他不能像孟子一样，以"性恶"为这种成就的根本，他另有根本。他的根本就是他念念不忘的"先王之道"。他要人们用"先王之道"来变化这种"性恶"之性，使之成为"善"，成就完美的人格。

现在的问题是，这性"恶"之性如何被先王之道一变就能变成"善"了呢？那性恶之"恶"又跑到哪里去了呢？

原来荀子所谓的"性恶"只是他一句吓人的话，夸张之辞。在他真正的认识之中，"性"既无孟子所谓的"善"，也无他自己所谓的"恶"，完全是中性的。这种真正的认识也许他自己都不自觉，就好像朱子不能自觉为荀子的学术后裔一样。性就好像一堆泥巴，如果我们把它塑成观音菩萨、关公，它就代表善，它就成了为万人膜拜的对象；如果我们把它塑成夜叉魔鬼，它就代表恶，它就成了人们厌恶的对象。泥巴本身无所谓善恶。我们都知道杭州西湖岳武穆祠前有一对用生铁铸成的秦桧夫妇跪像，凡去参拜岳王的人无不对之咒骂不已。我们能说那生铁就是"恶"的吗？据说那祠中岳飞的像是用檀香木雕成的，那座像是要受千秋万代中华儿女衷心致敬的。我们能说那檀香木就是善的吗？当然，统统都不能。檀香木、生铁、泥巴，都无所谓善，也无所谓恶，只是中性的材料而已。

荀子真正了解的人性就是如此。

固然，荀子处处强调性恶，这是不可否认的。但强调归强调，事实归事实。事实永远是事实，它不会因为强调而有任何改变。就强调来说，荀子对性恶的强调，可谓到了极点。他说："人之性恶，其善者伪也。今人之性，生而有好利焉，顺是，故争夺生而辞让亡焉；生而有疾恶焉，顺是，故残贼生而忠信亡焉；生而有耳目之欲有好声色焉，顺是，故淫乱生而礼义文理亡焉。然则从人之性，顺人之情，必出于争夺，合于犯分乱理而归于暴。……用此观之，然则人之性恶明矣。"

这里的伪，请不要误会，绝不是今天骂人用的"虚伪"的"伪"，而是"人为"的意思。虚伪与实在相对，人为与自然相对。比如天空中环绕地球运行的月亮是地球的卫星，它是自然形成的不是哪个人或哪些人制造而成的。可是，人类运用强力火箭推到天空中环绕地球运行的卫星就完全不同了，它是人造的，故称"人造卫星"。月亮这个卫星不是人造的，而是自然的，所以不能称伪。这人造物，就是荀子所谓的"伪"。荀子认为人性本来是恶的，它之所以能成就善的行为，完美的人格，就是因为加上了"人为"的因素。故曰："人之性恶，其善者伪也。"可是，这"人为"的因素是什么呢？在荀子看来就是"先王之道"，也就是先王所制定的"礼义"。我们必须"师法"先王所制定的礼义，才能使"性恶"之性成就善、成就道德、成就完美的人格，否则仅凭性的本身那是绝对不行的。所以，"性不能自善"，不仅不能自善，而且还是自恶的。

所以，荀子接着又说："故枸木必将待檃栝烝矫然后直，钝金必将待砻厉然后利；今人之性恶，必将待师法然后正，得礼义然后治。今人无师法，则偏险而不正；无礼义，则悖乱而不治。古者圣王以人之性恶，以为偏险而不正，悖乱而不治，是以为之起礼义、制法度，以矫饰人之性情而正之，以扰化人之性情而导之也。始皆出于治、合于道者也。"

这就说明，人性是不能自善的，必须靠"师法""礼义"才能为善。师法、礼义都是人为的非天生自然的；师法、礼义都是先王所制定的。先王能制作出来一套师法、礼义使人们性恶之性成就善，成就道德，成就完美人格，甚至完美的社会。这是很智慧而伟大的，故荀子美之曰"圣王"。人生与社会的完美，都是非要靠这些圣王的礼义而不可的。所以，在荀子看来，像孟子那样说人生而性善，一切仁义礼智之是自然长出来，是完全不合事实的。

孟子曰："人之学者，其性善。"曰："是不然！是不及人之性，而不察乎'性''伪'之分者也。凡性者，天之就也，不可学，不可事。礼义者，圣人之所生也，人之所学而能，所事而成者也。不可学，不可事而在人者，谓之性；可学而能，可事而成之在人者，谓之伪。是'性''伪'之分也。今人之性，目可以见，耳可以听。夫可以见之明不离目，可以听之聪不离耳。目明而耳聪，不可学明矣。"孟子曰："今人之性善，将皆失丧其性故也。"

"故"，就是事物的本来素质。荀子以为，孟子说性善是根本不懂性之所以为性的本来素质。这原因全在孟子不懂"性"与"伪"的分别。凡是由自然而生，不经由学习而得来，也不经由努力而得来的，叫作"性"。凡是经由学习而得来，经由努力而得来，不是自然而生由人制造出来的，都叫作"伪"。荀子还认为，恶是由性之自然而生的，善是由人的作为而成的。谁作为善？就是古代的圣王。在他看来，孟子全不懂性、伪的分别，以"伪"为"性"，故不知"性"。

为了证明这一点，荀子又说："今人之性，饥而欲饱，寒而欲暖，劳而欲休。此人之性情也。今人饥，见长者而不敢先食者，将有所让也；劳而不敢求息者，将有所代也。夫子之让乎父，弟之让乎兄，子之代乎父，弟之代乎兄，此二行者，皆反于性而悖于情也。然而孝子之道，礼义之文理也。故顺情性则不辞让矣，辞让则悖于情性矣。用此观之，人之性恶明矣，其善者伪也。"

荀子在这里虽然仍旧强调他那"人之性恶明矣"的结论，

但是，如果我们稍微留意一下，就会发现他已经从他性恶论的立场上滑下来了。"饥而欲饱，寒而欲暖，劳而欲休。"这确实是人之性情。因为，这些都是"不可学，不可事而在人者"的"天之就也"的东西，绝对不是由哪个"圣王"发明制造出来的东西，而是属于我们今天生物学的本能，是由自然生命而来的。自然生命是无穷的复杂与神秘，由此而来的生物学本能也是复杂而神秘的。这些复杂与神秘的生物学本能，有的已为我们所知道了，有的尚未被我们所知道。不管为我们所知道或尚未为我们所知道，它们既不能是所谓"善"，也不能是所谓"恶"；非善非恶，只能是我们前面所说的"中性"而已。再说，这些属于生物学本能的"性"，有些是子弟可以依照"圣王礼法"辞让替代于父兄的。可是，有些是根本无法辞让与替代之可能的。父兄心脏停止跳动了，做子弟的能把自己的心脏让给父兄吗？父兄老病疾痛，其苦万状，做弟子的能替代得了吗？不能替代辞让，就能说是"恶"吗？但荀子却一定坚持强调："用此观之，人之性恶明矣！"

照荀子所说，圣王的礼义法度是善的，人的性是恶的。善的当然就是好的，恶的当然就是不好的。既是不好的，既是恶的，我们不要它好了，只要合乎圣王的礼义法度就可以了！照理说，这不仅是可以的，而且绝对是应该的，但事实上却是不可以的，而且是绝对不可以的。谁说不可以？也是荀子说的。他说："性者，本始材朴也；伪者，文理隆盛也。无性则伪之无所加，无伪则性不能自美。性伪合，然后圣人之名一，天下之功于是就也。故曰：天地合而万物生，阴阳接而变化起，性伪合而天下治。"这是《荀子·礼论》篇中的一段话，其目的在说明"礼"与"性"

之关系。在这一段前，我们所节引的都是《荀子·性恶》篇的话。在《性恶》篇全篇之中，荀子一而再，再而三地借种种例子强调"人之性恶明矣"的结论。可是，除了他说性是由天而生"不事而自然"，他并没有给"性"下一个确切的定义，并没有告诉我们究竟什么叫"性"。有关荀子对"性"直接下的定义，乃见之于荀子《正名》篇中。《正名》篇说："生之所以然者谓之性。"就是说自然生命的本身就是性。自然生命，就是人的动物学生命，每人都有一个动物学的生命，如果没有这个动物学的生命，人就不成为一个人了。所以，照荀子所说，性虽然是"恶"，但也是不能去掉的。

这个"生之所以然者谓之性"的性，照我们前面所说，既不能说善，也不能说恶，只是一个中性的自然。但它也可以成善，也可以成恶。至于怎样成善，怎样成恶，就看人们怎么处理它了。正好像一堆泥巴一样，它只是一堆材料，既不能自成为观音菩萨的善，也不能自成为夜叉魔鬼的恶；必须人为把它放在观音菩萨的模型中，它才能成为善；把它放在夜叉魔鬼的模型中，它才能成为恶。荀子说："性者，本始材朴也。"这是对的，性就是一堆材料。荀子又说："无伪则性不能自美。"其实，无伪性也不能自恶。塑像工匠无论手艺多好，没有泥巴做材料，他也塑不出任何神像来。荀子"无性则伪之无所加"就是这个意思，"巧妇难为无米之炊"，道理也就在此。所以无论荀子怎样强调性恶，我们只要不理他就行。由他"生之所以然者谓之性"与"性者，本始材朴也"两句话来说，性只是"中性"的。

荀子说："性伪合，然后圣人之名一，天下之功于是就也……性伪合而天下治。"这些话看起来非常难懂，其实也很容易理解。

现在，让我们借用亚里士多德的四因说加以说明。

一、材质因，指构成一物一事的具有实质性的物质的材料而言。如建筑房子时的水泥、钢筋、砖头等等。这些东西只是一堆材料，本身不具备"形式"。在这里也许有人说，水泥是无形式的，钢筋和砖头不是自有它们的形式吗？依亚里士多德看来，这并不成问题。以砖头来说，泥巴是砖的材料，砖是房子的材料。说砖本身不具备形式，是说一堆砖本身不具备房子的形式，它只是一堆材料。就一块砖来说，它当然具备它作为一块砖的形式。钢筋也是如此。

二、形式因，指一物一事的样子或构造计划而言。如建筑房子时的蓝图，和这房子的实际构造间架。

三、主成因，指在一物一事构成中把形式加在材料上的力量而言，如建筑房子时的建筑公司或参加实际建筑工作的工匠。

四、目的因，指一物一事的构成中，我们必须使这一事一物达到尽善尽美，这"尽善尽美"就是一物一事的目的因。就建筑房子来说，"住起来舒服"就是建筑房子的目的因。

在这四因之中，就一事一物来说，通常是只重其材质因与形式因，对其主成因与目的因，我们暂且不论。譬如，在商场中看到一件衣服，我们所重视的就是它的料子和款式——它的材质因与形式因——不问它的缝制者和是否适合我们的身材——它的主成因与目的因。那件衣服自然不会是比照我们的身材来做的。

就材质因与形式因来说，荀子所谓的"性"就是个人成就完美的人格，群众成就完美社会的材质因；荀子所谓的"文理隆盛"的"伪"就是个人成就完美人格，群众成就完美社会的形式因。所以，

"无性则伪之无所加，无伪则性不能自美。性伪合，然后圣人之名一，天下之功于是就也"。

荀子既强调性恶，又强调"性恶"在成就个人的善与社会的善中作为材质因必要条件的重要性。"无性则伪之无所加"，就是说，如果没有"性"则圣王的礼义法度只是一种空洞的道德语言、空洞的道德概念，不是具体的道德人物或道德事实。王阳明说良知必须在事上磨炼也是这个意思。离开事而讲良知，那只是良知的影子不是良知的真实。只把良知的影子拿来讲，就叫作"玩弄光景"，那只是良知的影（光景）子而不是真良知。

由此我们可以说，荀子虽然一而再，再而三地强调性恶，也只是"强调"而已，一切"强调"都是与"真实"有距离的。荀子言性的真实意念，正如我们前面所说，既非善的亦非恶的，而是中性的。荀子一生在这里没有自觉，实在是一件值得我们为之惋惜的事情。

这种具有"中性"性质的"性"，本身既非恶的，亦非善的。我们如果想拿它为"材料"以成就"善"——个人人格之善，社会政教之善——就非外加上一种善的"形式"不可。因为"无伪则性不能自美"，材料永远只能是材料。它确实有成为一事一物的潜在性，但也只是一个纯粹的潜在性而已。在未被制成砖前，泥巴永远只是泥巴。它有成就一块砖的潜在性，但只是一个纯粹的潜在性，不是现成的一块砖。如果我们要使这一堆只具有成为一块砖的纯粹潜在性的泥巴成为真正的一块砖，就必须把这堆泥巴放在砖的模型中，这"必须"是绝对的。同样，如果要使只具有纯粹潜在性的"性"成为真正的善人善事，我们就必须把它放在"善"的模型中。

这便是佛家所谓的"他力教"，康德所谓"他律道德"的典型方式。康德认为一切方式的"他律道德"都不算是自己的道德人格，自己的道德人格必须在"自律道德"的方式中完成。佛家认为一切方式的"他力教"不是不能讲，而是不能当真讲。因为，一切方式的"他力教"都只能是"方便教""权教"，不是"究竟教""实教"。"究竟教""实教"，必须在"自力教"的方式中完成。孟子预言这样的"他力教"和"他律道德"不仅不能真正地成就道德人格、完善社会，而且必然将造成社会与社会中每一个成员的灾难。

（三）韩非、李斯——荀子性恶论的必然灾难

一般人提到韩非、李斯时，总要说他们是荀子的"叛徒"。这一个说法是很有问题的。"叛徒"的意义，应该就是"反其道而行之"，如果说是"顺其道而行之"我们就不说是"叛徒"了。再说这"顺""反"之间，也很难确定。譬如，在中国的历史上，孟子自称得了孔子真传，荀子却说他是孔门的"叛徒"、罪人。到了宋代，朱子说陆象山兄弟是孔门教训的"叛徒"，陆氏兄弟也说朱子是孔门的"叛徒"。如果陷入他们的争吵中，我们也很难得到一个定论。韩非、李斯究竟是不是荀子的"叛徒"，同样也是一个不容易论定的问题。

在孟子时代，并没有荀子的性恶论，更没有韩非、李斯这样将性恶论"发扬光大"，但是，孟子对这种性恶论、"他力教"

的理论与实际所必然造成的灾难已肯定地指出来了。

孟子时代虽然没有像荀子所强调的性恶理论，但这种性恶的理论实质已经完全形成了。那便是告子的"性无善无不善"论，"性可以为善，可以为不善"论，这就是我们已说过的"性"的中性论典型。孟子道性善，告子是坚决反对的。告子认为，善与不善都是从个人行为对社会的影响着眼的。"性"本身无所谓"善"，也无所谓"不善"，根本是中性的。正因是中性的，所以，它既可以作为"善"的材料而为善，也可以作为"恶"的材料而为恶。人的善与不善，不是先天而生的，而是后天学习而形成的。这完全就是荀子学术思想的先导，而且也是荀子学术思想不自觉的根据。现在，让我们把告子的重要言说罗列出来，并略加评说以表明其作为荀子思想先导，而孟子预见这种思想将形成灾难的必然性。

一、"生之谓性"——这是告子的话。"生"就是生命，生命就是性。生命，就是自然生命。人的自然生命，就现象来说，渴思饮，饥思食，劳思休。这都是天生的，不是人的故意作为，荀子说这是"不事而自然"。"事"，就是人的故意作为。不过荀子在这里说恶，告子在这里说无善无恶。荀子说性恶，那仅是一种非事实的强调，在他不自觉的理论根据上，也是无善无恶的。所以，他又说"生之所以然者谓性"。"生之所以然者谓性"，不正和"生之谓性"完全是同义的吗？

二、"食色性也"——这也是告子的话。照"生之谓性"说，自然生命就是性。人是一种具有自然生命的存在。自然生命，其实就是生物学的生命。任何稍有生物学常识的人都知道，在生物学中，学者们所说生命的特质只有两个：一是生长，二是生殖。

生长，是个体生命的本质；生殖，是群体生命的本质。生命的这两种本质，表现在生命之冲动中的就是食欲与性欲。这是生命的两种基本欲望，表现在日常生活中的事实便是"食""色"二者。这是一个无可置疑的事实，任何人都非承认不可。所以，《礼记·礼运》就说："饮食男女，人之大欲存焉。""大欲"之"大"，并不是大小比较之大，它是绝对的、自然的、天生的、不可否认的等形容词的综合代用字。

告子这两种说法，其实只是"生之谓性"一句话。只"生之谓性"就已有"食色性也"的意义了。对于告子的这种论"性"方式，在历史上除宋明二代外，是普遍受欢迎的。一般人一讲到"性"，差不多都采取告子这种方式。有些自命为"孟子之徒"的人表面上不敢讲，私下里还不是常说："还是告子对，就是食色性也。"可见这是一个非常容易被接受的说法。

但是，孟子坚决反对。

孟子反对是根据他的一个基本理念：人是一种生物学的存在，却不仅是一种生物学的存在。人确实有同于其他生物的生命本质，可是正因为这种生命本质是同于其他生物，而非人所独有的，所以它不能称为人之所以为人的本质——"人性"。人之所以为人，自有其独特而绝异于其他生物的本质，"人性"只能在这地方讲。人类同于其他生物的生物学本质，在孟子看来，那是人类的"小体"；为人独有而不同于其他生物的，在孟子看来，那是人的"大体"。他这里所谓的"大""小"，不能以"量"的概念来理解，它是一种"质"的意义。"大"是"真实的"，"小"就是"非真实的"。人同于其他生物的生物学"小体"，孟子以人之"耳目之官"来代表；为人所独有而异于其他生物的"大体"，即孟子所谓的"心官"。"心官"便是人之所以为人的真实之体,"耳目之官"自然就是人之所以为人的非真实之体了。所以,同一"官"字,同一"体"字,我们绝对不能把它们摆在同一层次上来理解。而且,"心官"的心也不能用现在心理学的意义,而应当由心灵或精神之义来把握。

所以,照孟子的理解,人有两种生命,小体的生物学生命,大体的心灵生命。"性善"是从大体的心灵生命而说的。因为,心灵生命不仅是人的真、善、美价值判断的标准,而且是人的真、善、美价值生活的根源。人在心灵生命的主宰之下,可以带动生物学生命做具有价值意义的活动,生活内容也就具有价值和意义。这就是孟子所谓的"从其大体为大人"。大人,就是真实的人。否则,人只是以其生物学生命的活动为活动,生活的内容便完全不具价值和意义。这便是所谓的"从其小体为小人",就是非真实的人。

所以,讲人性必须从可作为价值判断的标准,可作为价值生活根源的唯人所独有的心灵生命处说。在这里,一定是"性善"的。如果在这里完全无体会,只从人与其他生物完全相同的生物学生命处说人性,只从渴思饮、劳思休与食欲、性欲等生物学的本能处说人性,自然是不必也不能说性善的。如果我们不把他们各自认为的"性"之实体弄清楚,只在字面上论辩"性善""性恶""性无善无不善",便是非常无意义的言辞浪费。

进而言之,假定我们能顺着他们的言辞论辩进入他们对性之实体的不同体认中,我们就会发现,他们这些论辩并不仅是一个学术思想是非的问题,而是与我们个人生活、社会生活的尊严幸福与否具有真实而内在关系的问题。能肯定性善,则人格价值、人格尊严才能保得住，个人生活、社会生活才能真正成为"人"的生活；否则，照告子、荀子所讲，不唯人格价值、人格尊严根本不能讲，且个人生活、社会生活都将会陷入一种"非人"的灾难中。这可以从告子的另一句话中看出。

三、"仁内也，义外也。"——这也是告子所讲而孟子坚决反对的一句话。在告子这句话中，"仁内"是衬语，"义外"是主语。这里所谓的"仁"，就是一般所谓的同情心、爱心或好心，不能用论语中的"仁"来理解。这里所谓的"义"，就是行为的规范。告子的真正意思，就是成就道德必须依照我们前面所说的"他力教""他律道德"的方式。"爱心"既是"心"，自然是人自身生命以内的东西，但仅有爱心并不能算是道德成就，道德成就必须从道德行为的成就来说；行为也是人的自然活动，要使这种自然活动成为一种道德行为，就必须把它放在一种道德规范中——这种道德规范是人生命以外的东西。

顺着告子"生之谓性""食色性也"的观点，人的道德人格成就必然是这种"仁内义外"的方式。"仁内"同"食色性也"一样，是从生物学生命发生出来的一种心理倾向，是属于近代生物学的心理学的东西，不是属于心灵的东西。一切属于生物学生命内容的东西都是仅具"材质"意义的东西，本身绝不能兼具"形式"意义。所以，他说"仁内也，义外也"。

我们都知道，孟子是坚决反对告子这种说法的。孟子主张仁义皆为内在的，并肯定地讲告子的这种方式是"戕贼人以为仁义"，直斥告子曰："率天下之人而祸仁义者，必子之言夫！""祸仁义"，就是使仁义成为一种灾难。

孟子只说依告子之道必定是如此，并没讲为什么必定是如此。

而且，孟子与告子之间的直接间接辩论的意义，有些地方也并不容易把握。按孟子的意思，参酌历史发展事实与其他相关学说，对依告子、荀子之道发展到韩非、李斯"祸乱天下"的必然性条述如下：

一、有人以为历史都不过是些偶然事件的缀合而已，哪有什么必然性呢？这从事件上看来是没错的。历史上出现桀、纣、文、武、孔子、孟子、苏秦、张仪、告子、荀子、韩非、李斯、秦始皇，和他们的平生事迹都是偶然的，如果一定要在这里讲必然，那就是"非愚则诬"。可是，任何事件的背后都是有个道理存在的。往正面讲，如大厦之将成，不就在一块砖一片瓦的偶然中成就的，它是依理而成的。这理，就是设计师的蓝图。再说，设计师的蓝图，也不是随便乱画的，它必须以物理学、几何学等的定理为根据。定理，就是必然之理。这是任何人都得承认的。再从负面讲，如大厦之将倾，或大厦之正倾，表面上看来，那些砖头瓦块都是乱七八糟毫无秩序地往下落的，这当然是没有一个蓝图为依据的。其实，这些砖头瓦块往下落，虽无蓝图为依据，却也不是"乱"落的，也是按照一定的道理而落的。这道理，平常我们都是看不见的。我们看不见它，并不等于它不存在。这个也是必然的，因为凡"道理"都是必然的。东周近五百二十年，尤其春秋中叶以后的三百年间，就是一个大厦将倾之势。表面上是一团糟的偶然，其实也有一个非如此不可的必然道理存在。孟子就看到了这个必然。自告子、荀子至韩非、李斯便证实了孟子所预言的必然发展。

二、物质本身无发展且不具备任何形式。所以，要"物质"成为一件"物品"，就必须给它外加上一个形式。但生命就不一样了。生命本身是一个发展，它要发展而成的形式，不在别处，就在生命的自身中，如果一定要给生命外加上一种形式，就是对生命的一种戕贼，一种灾难。譬如一颗榕树种子，看起来小小的，然而其中不仅含有一棵大榕树的生命"本质"，而且也含有一棵大榕树的一定"形式"。每棵榕树的形式不一定完全相同，但总是"榕树的"，不能是"骆驼的""大象的""河马的"。如果有人一定要把"骆驼的""大象的""河马的"形式外加到榕树身上，使榕树丧失榕树的形式，那么这外加上的形式对榕树来说就是孟子所谓的"戕贼"、所谓的"祸乱"了。

人是一种生命的存在，不是一种纯物质的存在。把生命存在的人当纯物质的存在来处理，告子和荀子，在这最基本的地方就错了。

三、佛家说"他力教"只是方便权教，不是究竟实教；只有"自力教"才是究竟实教。康德以为"他律道德"的他律不管来自何处（包括上帝处）都不能算是真道德；真道德必从"自律道德"处说。他们的理由之一就是形式不能改变本质。真佛与真道德，都是要从本质处说的，只具形式是不同的。告子与荀子都是只从外在的形式上说"善"，只是一个形式的"善"，如何能是真善？所以，真善也必须具有善的本质。从生命处成就善是如此，从物质处成就一物也是如此。成就一块砖，不能只靠砖的"形式"，"材料"的本质必须也是"砖的"才行。告子、荀子都是只强调善的形式的重要，忽视、否定善的本质的重要性。

四、人的真实即生命的真实，人的道德成就的真实也是生命的真实。除生命的真实外，没有任何道德成就可以称之为真实的。所以，道德必从生命处讲。从生命处讲的道德，即平常被我们用俗了的"德性"二字的真实义谛。它是道德成就的材质因，也是道德成就的形式因。它不能像告子所讲那样只是一个材质因，要待一个外来的形式因来成就它自己。任何外加在它之上的形式因，对它来讲，都是一种戕贼、灾难。

佛家说佛性有种子义与体段义，就是说佛性既是人成佛的材质因，也是人成佛的形式因。"德性"与人的道德成就的关系也是如此。这是一个具有绝对重要性的基本肯定，其间没有任何讨价还价的余地。因为，材质因与形式因虽同为事物成就的必要条件，在叙述上也为我们所并列而言，可是，它们的性质并不相同。材质因虽为事物的实体条件，但在事物构成中却是被决定的；形式因虽为事物的非实体性条件，但在事物构成中却是一个"决定的"因素。生命，无论是生物性的或是心灵的，都不能是被决定的；它必须是自我决定的，它必须是自备形式，而且就依照自备的形式因来决定自己。

因此，当告子以其"仁内也，义外也"的理论为基础说："性，犹杞柳也；义，犹杯棬也。以人性为仁义，犹以杞柳为杯棬。"孟子马上就反击他："子能顺杞柳之性以为杯棬乎？将戕贼杞柳而后以为杯棬也？如将戕贼杞柳而为杯棬，则亦将戕贼人以为仁义与？率天下之人而祸仁义者，必子之言夫！"

果然，自告子到荀子，自荀子到韩非、李斯，果真借秦始皇之暴力而一统天下。这对孟子来说，虽是一个事之未然，却是一个理之必然。这也是一切"他力教""他律道德"的必然结果。

说到这里，也许有人会问："为什么这种'他力教'在告子、荀子身上并未产生灾难呢？即便是韩非也并没有造成灾难呀！"

这个理由很简单：第一，告子，尤其荀子本身具有高度的道德感受与道德智慧；第二，他们都能肯定别人的道德成就；第三，他们的"他力教"之"他力"都不在一个或一群现实人身上；第四，他们能尊重人们是否遵行这种"他力教"的自由意志；第五，在人们不接受他们这种"他力教"时，他们并没有剥夺人财产与自由的权柄与意图，他们并没有摧毁人生命与生活的权柄与意图。

这是告子、荀子"他力教"未亲身造成灾难的原因，也是其他"他力教"未造成灾难的原因。朱子本身就未形成灾难，净土宗和尚们也未造成灾难。

佛家有"法病""人病"二语。这些人本身未形成灾难，只是他们的"人"没有"病"而已；但他们的"法"还是有"病"的。所以，明、清两代那"吃人的礼教"所形成的灾难，朱子应负"理说"责任；秦始皇一统天下，告子、荀子应负"理论"责任。自然，以李斯、秦始皇的灾难来说，韩非所负的"理论"责任尤其重大而直接。从朱子到明清的"吃人的礼教"，从告子、荀子到韩非、李斯、秦始皇，是一个必然的理的发展。这些人物出现在历史舞台上，当然都是偶然的，他们所做的事情仅从事件看来也都是偶然的，但是，他们所做的事情背后隐伏的道理却绝对是必然的。

思想观念的问题，谁能说只是些书生的学术游戏，与我们日常生活毫无关系呢？

（四）荀子性恶论的检讨

　　荀子性恶论的必然灾难，已如上述。现在，我们应该对荀子性恶的正面价值做一点检讨。荀子性恶论本身，并不可能有正面的价值，而且，就荀子学术本身来说，"性恶"之说只是对"性无善无恶"一观念的夸大而已，本身就是一个不相应的名词。我们这里的讨论，只是想将他这个题目对"他力教"的价值做一个正面评估而已。在古今中外，既然有那么多的圣贤哲人主张它，就必定有它的价值。

　　"他力教"作为一种成德方式来说，不仅是不可避免的，而且也是必需的。《论语·颜渊》篇有："颜渊问仁。子曰：'克己复礼为仁。一日克己复礼，天下归仁焉。为仁由己，而由人乎哉！'颜渊曰：'请问其目。'子曰：'非礼勿视，非礼勿听，非礼勿言，非礼勿动。'颜渊曰：'回虽不敏，请事斯语矣。'"从这里我们便看到已有一个"他力教"的方式了，这也是荀子与孟子学术思想不同的根本。

　　所谓"克己复礼"就是一种他力教，所谓"为仁由己"就是一种自力教。荀子承述于孔子的，就是孔子"克己复礼"的精神；孟子承述于孔子的，就是"为仁由己"的精神。可见荀子、孟子学术思想都是真正自孔子的教训中传下来的。可是，荀子、孟子为什么会有那么大的差异呢？荀子为什么要痛骂孟子呢？荀子学术思想能否不必产生灾难呢？如何才能免于灾难呢？

　　要回答这些问题，我们就必须先把这段文字的意义弄清楚。

　　要把这段文字的意义弄清楚，我们就必须先认识这两个

"己"字。

要认识这两个字"己"，我们就必须从我们习惯的认字方式中解放出来。

我们习惯的认字方式有两种：一是查字典，二是寻求字的原始意义。这些只能作为我们认字的参考，不能作为我们认字的唯一依据。这两个"己"字就是如此。《论语》前后的两本字典：一是据说为周公所编的《尔雅》，一是汉代许慎编的《说文解字》。这两本字典都载有"己"字，都有对这个字的解释，但都不能使我们真正认识这两个"己"字。如果真有仓颉造字这件事，如果我们真把仓颉造"己"字的原始意义找到了，照样也不能使我们真正认识这两个"己"字。理由很简单，孔子使用这个字不必服从仓颉，不必服从周公，更不必服从晚他几百年的许慎了。因此，仓颉怎么造"己"字，周公、许慎怎么解释"己"字，固然是我们认识这两个"己"字的重要参考，但更重要的是孔子他老人家"怎么使用"这两个"己"字。

"己"字只见一个，但孔子在这里却是两种不同的使用方式。孔子在同一时间中，在回答颜渊同一问题"为仁"时，使用这同一个字"己"却有"克"之、"由"之两个不同方式。"克"是一种否定的意义，"由"是一种肯定的意义。如果这两个"己"字在孔子的使用中代表他老人家同一意念，那么孔子这段话便是全无意义的；如果孔子说这段话是有意义的，那么这两个"己"字在孔子的使用中便各自代表一个他老人家不同的意念。

孔子这不同的意念是什么？

当然我们不能靠仓颉、周公、许慎回答这个问题。我们只有靠孔子来回答这个问题。孔子已死，不能为我们回答这个问题。

这就需要我们在读书时，排除个人成见，排除孔子以外其他人的成见，平心静气好好体会一下孔子了。

孔子使用这两个"己"字确乎是代表他两种不同的意念的。"克己"之"己"，就是我们前面所说的人的生物学生命的自己。在佛家，就是由五蕴（人体各器官）所和合构成的"我"，是"妄我"。"由己"之"己"，就是我们前面所说的心灵生命的自己。在佛家，就是由真如佛性而显的"我"，称"真我"。

生物学生命与心灵生命，在叙述中是不能不分开的；在生命存在的本质上，也是绝对不能分开的。由生物学生命迸发出的欲望冲动，如不予以理性化，那么人之所以为人便与一般生物无异，实为一非"人"之人。所以，要使人真正成为人的存在，第一步必须将这生物学的生命理性化。这就是孔子所谓的"克己复礼"。

礼在孔子时，就是自西周传下来的外在生活规矩，而"克己复礼"这句话也是当时的一句成语。原始就是一个"他力教"的形式，孔子讲这句话当然也是套在"他力教"的形式中来说的。可是，在道德成就中，这种"他力教"的形式，只能是一种初步的安排，不能"到此为止"，所以，它必须有进一步的证成。这进一步的证成，自然就是"自力教"了。譬如我们教一个小孩子孝顺父母，我们可以把孔子所说有关于孝的道理告诉他，把二十四孝的故事告诉他，要他去学习效法。他若不肯学，我们甚至可以用威胁、利诱的方法让他学，这便是"他力教"的方式。在这种方式之下，无论他学习效法得多么好，他都不能算是一个真正孝顺父母的小孩。所以，进一步我们必须要他自己知道，即便没有大人的威胁、利诱，没有孔子的道理和二十四孝的故事，他自己也是应该孝的。这"应该"不是任何人规定给他的，而是他自己的孝心规定给他的。

即使在历史上没有一个人讲到过"孝"，即使在历史上找不到一个孝的范例，凭着他自己的孝心规定给他的"应该"，他也是应该孝的。这样，他的孝行除了服从他自己的孝心，没有其他服从的对象，这样，他的孝行才真是他自己的孝行。这就是所谓的"为仁由己"。"自力教"的方式也是如此。

孔子之后，孟子承袭了孔子"为仁由己"的"自力教"的教训，荀子承袭了孔子"克己复礼"的"他力教"的教训。

从孔子教颜渊"为仁"就不排除"他力教"的方式看来，"他力教"在道德成就中确实是有其正面价值的。所以，现在就让我们对它这种正面价值做一个检讨。

首先，让我们看看在什么情形下"他力教"是必需的。

一、在儿童教育中，我们不能要求一个小孩子像孟子所说那么"反身而诚，乐莫大焉"，"他力教"其实是一种必需的模式。因为儿童心智未开，模仿力强，可塑性大，他只要能模仿、肯模仿就够了。我们这样说，并没有任何轻视儿童人格价值的意图，只是根据儿童时期心智未开、模仿力强、可塑性大的事实。

二、在化民成俗中，我们也不能奢言要所有人都明心见性"自证无余涅槃"，一般善男信女只要肯念佛诵经，顶礼膜拜也就很好了。所谓"俗"，就是一种共同的生活方式，一定是外在的，而且也不一定要很有道理，只要大家能共同承认就可以了。这就是荀子所说的"约定俗成"。

三、孔子曾赞美颜渊曰："回也，其心三月不违仁，其余则日月至焉而已矣。"孔子自述其成德的经历说："七十而从心所欲，不逾矩。"可见圣贤也有"从心所欲"而"逾矩"的时候，也有"违仁"的时候。在这个时候，就是圣贤也需要些"他力教"

来整饬一下自己。所以，颜渊问仁，孔子便告诉他"克己复礼为仁"。

由此看来，"他力教"是道德人格成就所必需的，这便是它的必然价值，无人能够否认。但是，不管"自力教"的价值是多么的不可否认，毕竟不是绝对的。道德人格的真正成就最后仍须在"自力教"处完成。这就是佛家说"他力教"是一种方便权教的原因所在，究竟实教必须是"自证无余涅槃"的。

就"他力教"在道德成就中的价值而言，就是力主"自力教"的孟子也是能够承认的。所以，孟子重视教育，重视人君为民治产，甚至他还能肯定五霸借仁义之名以逞其私欲的价值。孟子之所以反对告子、荀子型的"他力教"，是反对他们把"他力教"当作绝对的，当作"到此为止"的究竟实教。

由孔子教颜渊，我们可以知道，"他力教"与"自力教"并无必然的不相容。但是，荀子把这二者看成了必然的不相容。他力辟孟子性善之说，其实根本不在争论性之善、恶，而在根本否定孟子"自力教"的成德方式，因为性善是"自力教"的根本依据，或者可说是根本保证。其实，主张"他力教"也根本不必否定性善而主性恶。

荀子的主观道德感受和客观的使命感受都是很强的。礼义法度可以说是外在的，是古代圣主替他安排的，但这些感受总应该是他自己的吧！这些感受也能说是恶的吗？

荀子主张性恶，主张人必须用"他力教"的方式以使自己成就道德人格。可是性恶之人如何能认识外在的善呢？认识的根据在哪里呢？他说："人何以知道？曰：'心。'心何以知？曰：'虚一而静。心未尝不臧也，然而有所谓虚；心未尝不两也，然而有所谓一；心未尝不动也，然而有所谓静。人生而有知，知而有志；志也者，臧也，然而有所谓虚。不以所已臧害所将受，谓之虚。心生而有知，知而有异；异也者，同时兼知之；同时兼知之，两也，然而有所谓一。不以夫一害此一，谓之一。心卧则梦，偷则自行，使之则谋，故心未尝不动也，然而有所谓静。不以梦剧乱知，谓之静。未得道而求道者，谓之虚一而静……虚一而静，谓之大清明。万物莫形而不见，莫见而不论，莫论而失位，坐于室而见四海，处于今而论久远。疏观万物而知其情，参稽治乱而通其度，经纬天地而材官万物，制割大理而宇宙里矣。'"

"志"，就是记忆，知识。"臧"，就是收藏之"藏"。知识是一种累积，故曰："志也者，臧也。"知识是累积，心不是累积，也不能被累积充塞窒息而不能再有新知，故曰："然而有所谓虚。"故曰："不以所已臧害所将受，谓之虚。""心生而有知"当为"人生而有知"之误。"两"，就是杂多的意思。知识既然是累积，便有杂多之相。知识是杂多的，心不是杂多的。杂多，便有互相彼此的不同；知识有彼此，心不能有彼此。故曰："有所谓一。""心一"也不能因知识的彼此而生彼此，故曰："不以夫（彼）一害此一，谓之一。"心有所动。不仅知识之成是由心所动而起，睡眠中的梦魇，物质生活中的贪恋，社会生活中的钩心斗角，都是心之所动。但心之所以有所动，乃在心之有静。心之本身若跟着心之动奔驰外张而离其自己，则不能有知；所以，心之本身必在动中守恃其自己，不使其所动害其所知，便叫作静。故曰："不以梦剧乱知，谓之静。"

这就是荀子所谓的心之虚一而静。

"大清明"之"大"是绝对的意思，不是套在一般大、小比较中说的"大"。所以"大清明"就是真正的智慧。人只能凭着这种真智慧才能认识真道德。所以，在这种大清明的智慧的观照之下，万事万物的真实没有不是显亮的。"见"者，现也，就是显亮的意思。故曰："万物莫形而不见。"大清明智慧照见显亮的这种万事万物的真实，并不是"耳得之而为声，目遇之而成色"的感官材料的真实，而是一个理的真实。"论"者，理也；古人以"论说"解之，其实是一个绝大之错误。故曰："莫见而不论。"一事一物是一理，万事万物也是一理。一事一物之一理，在万事万物之一理中，各有其恰如其分的地位而不能相乱，也为一理。故曰："莫论而失位。"

在这里荀子透出一个纯粹理念的心灵与世界来了。此心灵，即此世界；此世界，即此心灵。此心灵世界，即此纯粹理念；此纯粹理念，即此心灵世界。

这一个纯粹理念的心灵与世界，既无时间相，亦无空间相，所以，既不受时间的限制，也不受空间的限制。故曰："坐于室而见四海，处于今而论久远。"这一个纯粹理念的世界，同时离一切相又在一切相。就它的"离一切相"来说，是离开现实世界中一切自然与人文的万事万物的一个独立存在。在这里，我们可以说它是"抽象的"。就它繁荣"在一切相"来说，也是现实世界中一切自然与人文的万事万物之所以存在之理的根据。把握住它，就可从这理的根据处把握住现实世界中一切自然与人文的万事万物。故曰："疏观万物而知其情，参稽治乱而通其度，经纬天地而材官万物，制割大理而宇宙里矣。"

"疏观"者，就是虚观的意思；虚观，就是用抽象之理来观，不是用具体的耳目来观。"知其情"，就是得其理的意思。也就

是说，用抽象的理观万物，从万物那里得到的不是万物给我们的
声、色等感觉材料，而是万物所依之而存在或构成的理。所以，"疏
观万物而知其情"，是对应自然世界而说的。自然世界的万事万
物，是以这一理为根据的；人文世界的万事万物，也是以这一理
为根据的。"度"者，一定的道理。人事之治，人事之乱，都是
具有其一定道理的。"参稽"就是参验稽考。"参稽治乱而通其度"
就是说，人文世界事事物物的治乱的道理，也都可以在这纯粹理
念的心灵世界中得到解释与说明。因为，正像荀子在《天论》篇
中所说："乱生其差，治尽其详。"这就表示人文世界的万事万物，
离开这个理的根据，就乱；一切依这个理的根据，就治。《大学》说：
"物有本末，事有终始，知所先后，则近道矣。"也是这个意思。
自然世界，人文世界的一切事物都无不以此纯粹理念的心灵世界
为理的根据，所以人只要能透出这纯粹理念的心灵世界，便可透
出自然世界、人文世界一切事物之理。故曰："经纬天地而材官
万物，制割大理而宇宙里矣。"

　　按荀子的意思，那个可以作为"本始材料"的性恶之性，不
是道德，但却是道德成就的必要材质条件。这个"虚一而静"的
"大清明"之心，也不是道德，但是作为道德成就的必要形式条
件，也只能由它才能辨识出来。故曰："人何以知道？曰：'心。'
心何以知？曰：'虚一而静。'"而且，心不仅是辨识道德成就
的形式条件的主体，也是把这个形式条件加到那个材质条件之上，
使二者合而成就道德人格之主体。所以，荀子所讲的"性"，是
从生命的本质处说的；荀子所讲的心，是从生命的主宰处说的。
心是治性的，性是为心所治的；心是主动而非被动的，性是被动
而非主动的。故曰："心者，形之君也，而神明之主也；出令而

无所受令。自禁也，自使也，自夺也，自取也，自行也，自止也。"

人的存在果真这么简单吗？

（五）荀子的客观精神

庄子在他的书中，一高兴便要把孔子拿来奚落一顿。看起来似乎是对孔子很不恭维。而且，他用来奚落孔子的题目，又常常根本不是孔子的或与孔子毫无关系。看起来，他好像对孔子很不了解。不过，他有些时候也把他认为很高贵的道理借孔子之口说出来，把他认为很高贵的为人质量借孔子之身显示出来。这看起来，又是很恭维的了。至于说他不了解孔子，那也未必。他是个极聪明的人。说他不愿认同孔子所显示出的生命情调、人格模式，是可以的；说他对孔子的生命情调、人格模式不了解，则是不可以的。进而言之，不仅我们不能说他对孔子不了解，而且我们还应该说他对孔子有很深而真的了解。这种了解，也许不在颜渊、子贡、孟子、荀子之下。我们只凭他为孔子道术所下的四字评语便可知道。

那就是"内圣外王"。

这四字评语把孔子人格学术概括得一览无余了，而且，高贵典雅不入流俗。这是他以不俗之人论不俗之道的结晶之语。

所谓"内圣"，就是个人德性的成就；所谓"外王"就是现实世界的成就。当然，在现实上，孔子并没有任何属于现实世界的成就，但孔子的心愿是从来没有离开现实世界的，而且他栖栖遑遑奔走天下，为的无非就是成就现实世界。以孔子的道术来说，内圣与外王是分不开的。内圣是外王的根本，外王是内圣的证成。这是任何人都承认的。如果说内圣是孔子的主体精神，外王是孔子的客观精神，那么这种通内圣与外王合而为一的"内圣外王之道"便是孔子的绝对精神。

孔子确实是一位具有绝对精神的圣人。只有这样具有绝对精神的人格与道术才能称为圣人。

《大学》说："大学之道，在明明德，在新民，在止于至善。"就是说，真正的道德成就必须含有两个层面：一是主观的道德成就，即"明明德"；二是客观的道德成就，即"新民"。"明明德"，就是内圣的学问；"新民"就是外王的学问。这两种学问，这两种成就，事实上是一种学问，一种成就。孔子自己讲"吾道一以贯之"就是这个意思。曾子体会孔子这句话，提出"忠、恕"二字，也很好。"忠"，象征主观的"明明德"；"恕"，象征客观的"新民"。所谓《大学》八条目中的"格物、致知、诚意、正心、修身"，是"明明德"之事；"齐家、治国、平天下"是"新民"之事。而且，这八事也是密不可分的。从"格物"到"平天下"，显示了一种累进式的必要条件关系。就是说"格物"是"致知"的必要条件，"格物、致知"是"诚意"的必要条件，"格物、致知、诚意"是"正心"的必要条件；"格物、致知、诚意、正心"是"修身"的必要条件，"格物、致知、诚意、正心、修身"是"齐家"的必要条件；"格物、致知、诚意、正心、修身、齐家"是"治国"的必要条件；"格物、致知、诚意、正心、修身、齐家、治国"是"平天下"的必要条件。这正如现在求学的过程由小学、初中、高中到大学一样，这些阶段是从外在的学程上分的，就内在的学业完成上来说，是不可分的。到了大学，就把高中、初中、小学甚至幼儿园中所学的东西全丢掉，行吗？

《大学》作者似乎把这八个条目之间的关系解释为必要条件关系，而历来儒者也是这样来理解的。所谓"物格而后知致，知致而后意诚，意诚而后心正，心正而后身修，身修而后家齐，家齐而后国治，国治而后天下平"。宋、明二代的儒者们总喜欢向当时求治心切的皇帝们说诚意、正心便足以治天下。这就说不通了。所以，当时的皇帝们听了无不厌烦。严格说来，《大学》这段话只表示一个必要的次第，即《大学》所说"物有本末，事有终始，知所先后，则近道矣"的"本末""终始""先后"的意思，是不可解释为充足条件关系的。

不管怎样，这表示一种主、客观为一的绝对一贯之道，则是一定的。了解孔子的道术，从这里着手着眼，是最清楚明确的。

孔子之后，在先秦真能传承孔子的，就是孟子和荀子。孟子主要传承了孔子的主观精神，其客观精神则不足；荀子主要传承了孔子的客观精神，其主观精神则不足。所以，荀子学术的主要成就、主要价值，是在"外王"方面，其"内圣"的学术实在很扭曲；孟子学术的主要成就、主要价值，是在"内圣"方面，其"外王"的学术实在就非常荒凉了。

近代政治学学说传入我国，一般具有传统文化意识的先生们和一些护卫儒家学术思想的先生们，总不愿把这种学说完全当作舶来品看待，总要说这也是我国古来就有的东西。他们主要的根据，便是孟子"民为贵，社稷次之，君为轻"这句话。

这句话，实在不能成为一个根据。一定要这样来使用它，既是不了解孟子这句话的本来含义，也是不了解西方近代政治学说的实质。

孟子这句话，原是针对战国诸侯们"争地以战，杀人盈野；争城以战，杀人盈城""率土地而食人肉""率兽而食人"的不仁而发的。如果说这句话可代表孟子对那些被荼毒的老百姓的关切，并借以灭杀那些诸侯的骄横之气，则是可以的；如果说这就是一种政治学的解释，就不相应了。孟子这句话完全是从一种道德心灵发出的，不是从一种政治心灵发出的。而且，孟子也不是一个政治心灵。荀子之所以看不起孟子，便是在这个地方。孟子确实对当时的诸侯讲了许多有关治理天下、国家的大道理和具体方略，但都是根基于道德意识的，政治学的意味很轻。

"民"，当然就是人民；"君"，当然就是国家负责人；"社稷"，应该有今天"政府"的含义。站在政治学的立场上来讲，"民"固然很贵，"社稷"也不能次之，"君"也不能轻，三者实具有同等的重要性。政治是人群集体生活中共同希望或希望实现的合理的调整。在这一原则下，组成人群的每一"个体"的生活其实都具有不可否认的"目的"，所以"民为贵"。集体生活不能否定个体生活，但也不能仅仅是一种零散的个体生活。它必须有一个组织来协调每一个个体生活与其他个体生活之间所必然会产生的同方向与反方向的关系，这便是"政府"的当然功用了。这样"社稷"就一定不能是"次之"的。再说，人群的共同事务，虽然应该是属于人群中每一个人的，但并不能由人群中的每一个人一起来做，它必然是由人群中少数生命力、智慧力、道德力较强的人带领大家来做。没有这样的人来领导，不仅人群集体生活中的共同希望或欲望无法实现，连个人生活的基本生存权利也都是没保障的。这样，"君"又如何可以是"为轻"的呢？所以，政治学的立场，不是把这三者分成哪个是重要的，哪个是次要的，哪个是不重要的，而是把凡是必要的都看作是重要的。再说，政治中的必要因素不止这三者。政治学的目的就在解释政治的各种必要因素的不同，以及它们在政治中恰当而不可逾越的地位。

孟子讲这句话，凭借的不是这样一个政治学的心灵。所以，这句话并不能提供给我们任何政治学的价值。政治学的心灵，是一种客观精神食物的投射，孟子在这方面确实较弱。在先秦孔子之后，具有这方面强烈倾向且卓然有所成的，只有荀子。

战国的君主和臣僚，无不是以其政治地位、政治权力和政治知识来否定人群集体生活中共同希望以满足他们一己希望的人物。政治根本就不成政治，这是事实。对于这一事实的反应，孟子与荀子便有不同。孟子采取的是道德解决的方式，荀子采取的是政治解决的方式。

孟子"民为贵，社稷次之，君为轻"这句话，就是对当时君主的一种道德的点醒，目的在使那些君主觉察到自己的道德责任。其他如"保民而王""以不忍人之心，行不忍人之政""推恩足以保四海，不推恩无以保妻子"等都是。当然，孟子还有一个办法，就是"杀掉他"。所以"闻诛一夫纣矣，未闻弑君也"。这些统统都是"非政治的"。这就是孟子客观精神不够的明证。解决政治问题哪能这么简单，不是教他道德便是杀掉他呢？

在荀子看来，孟子根本不懂政治。加之他又不承认——而且反对孟子的性善说，自然孟子由性善开展出来的一套学问便全属妖邪之言了。我们前面说过，荀子是一位深具客观精神、得孔子"外王"之道真传的哲人。所以，他的政治智慧确实是孟子所不能及的。荀子认为战国的问题，固然是道德缺乏的问题，也是政治制度混乱的问题。而且，也不仅是混乱，根本就是没有制度。没有制度便没有政治。因此，那时的当务之急就是建立真正的政治制度。这便是荀子一生用心的方向。如果在这里不能对荀子有一个相应的了解，便等于完全没有读《荀子》。

《荀子》整本书都是围绕着这个题目而写的，因为这是他根本用心之所在。不过，如果我们想在他的整本书找一句话以代表他这种客观精神的政治心灵，那便应是"礼者，法之大分，类之纲纪也"。

这是荀子《劝学》篇中的一句话。在荀子看来，学必至于"礼"才能是大成。所以他在讨论到为学的先后顺序时，说："其数，则始乎诵经，终乎读礼。""数"就是求学的外在程序，就好像今天由小学、中学到大学的所谓"学程"一样，"经"就是除"礼"以外其他经，如《诗》《书》之类。荀子认为这些经典都应该是次级的，都是为了读"礼"而读的，所以学的最后是读"礼"。求学的先后顺序始终有外在的，也有内在的。内在的学程就是个人成德的过程，荀子名之曰"义"。故曰："其义，则始乎为士，终乎为圣人。"他的意思就是说，求学的内在程序，就是先做成一个知识分子，最后以做一个"圣人"为最高成就。由这外在与内在的两种学程的关系，我们知道读"礼"与"为圣人"是在同一最高阶段的。

但是，怎样才能达到最高阶段呢？在这方面，其实与任何其他成就一样，就是非如荀子所说的"真积力久"不可。"真"，就是生命的真诚，不仅是平常所谓的"真假"的真。"积"，就是累积，是荀子特重的为学方法，故曰："积土成山，风雨兴焉；积水成渊，蛟龙生焉；积善成德，而神明自得，圣心备焉。"

故曰："不积跬步，无以至千里；不积小流，无以成江海。""力"，就是用力的意思。"久"，即恒久之意。故曰："骐骥一跃，不能十步；驽马十驾，功在不舍。锲而舍之，朽木不折；锲而不舍，金石可镂。"而真积力久，一言以蔽之，就是"一"。故君子为学用心必一。

这种"真积力久"到何时为止呢？

荀子认为，这是没有止境的。故曰："学至乎没而后止也。"学，是生命的事，不是生命以外的事，所以必至生命终止时而后止。这也是曾子"死而后已"的意思。这里所谓"学"自然就是我们前面所说的内在学程了，至于外在的学程，则是有个"止"的。故曰："学数有终，若其义则不可须臾舍也。"因为学是根本生命之事，不学就根本不成为人了。故曰："为之，人也；舍之，禽兽也。"这正是孔子"君子去仁，恶乎成名！君子无终食之间违仁。造次必于是，颠沛必于是"之意。

在荀子看来，《书》只是前代帝王政事之记录，《诗》只是前代典雅的乐章与歌词而已。故曰："书者，政事之纪也；诗者，中声之所止也。"读这些书都只算是学程中的手段，不能是真正的目的；学的目的，乃在于"礼"。故曰："学至乎礼而止矣！夫是之谓道德之极。"

为什么呢？因为，"礼者，法之大分，类之纲纪也。"

荀子这里所谓的"礼"，固然是指前面所说"读礼"的"礼"，但是，如果仅限于此，那我们就是把荀子看成一个老学究了。荀子哪能是这样一个老学究！因此，这里的"礼"，除了指传统的礼之文献与文献本身的意义外，另有三义是我们在这里所必须要掌握的。

第一，荀子通过"礼"来肯定孔子的精神，继而肯定周公创制礼的精神。借这两步肯定以使自己的精神生命融合于孔子、周公的精神生命中。这一精神生命自然是"秩序"的精神生命。在这里，为荀子所传承的孔子的客观精神，不仅是孔子的，也是周公的。

第二，荀子借着自己的精神生命与孔子、周公精神生命的融合为一，进而以他那大清明之心察知到一个既不在周公身上，也不在孔子身上，更不在自己身上的客观纯粹的理的系统；更借这步察知，使自己大清明之心与客观而纯粹的理的系统契合而为一。

第三，荀子借着他这大清明心与纯理系统为一的智能察看人间世界。在杂乱无章的人间世界中，见得人间世界的当然之理与现实人间世界的不合此理的地方。此理落到人间世界之中，就是所谓的"礼"。古人云："礼者""理也"，应该通过这个方式来理解，荀子曰："礼之理诚深矣"，也应该通过这个方式来理解。

因此，"礼者，法之大分，类之纲纪也"之"礼"，不仅不能是一个文献的意义，也不能仅是一个传统制度的意义。它应该由那个客观而纯粹的理之系统贯穿到人间世界，作为人间世界当然之理的意思。

"法"，即"法度"，是"法则度量"，就是今天所谓的法律制度，表示人际关系之间不可紊乱的秩序。"分"，就是定分、职责或功分，荀子常称"分义"，表示一定而不可游移的当然。人群的集体生活中的法律制度，就是在厘定个体与个体之间、个体与群体之间同内在个体本身之中的"分义"。因为人生而是一个个体的存在，同时，生而是一个社会群体的存在。所以人必须生活在群居的互助合作中，荀子称之为"相待"。离开这个相待的互助合作，则人必因穷困无赖而不能生活；群居而没有法度分义，则人必因暴乱纷争而不能生活，这些都是灾难。免于灾难的唯一方法便是使人群中每一个体都明守其本分，共同维持其集体生活，满足其共同的希望。故曰："离居不相待则穷，群居而无分则争。穷者患也，争者祸也。救患除祸，则莫若明分使群矣。"

"分"有两种，一种是约定俗成的，一种不是约定俗成的。约定俗成的分是由人群共同生活习惯共同承认而产生的，其特征就是没有必然性。例如，有的国家车辆靠道路右边行，有的国家车辆靠道路左边行，其中当然是没有必然性的。这种没有必然性的"分"，就不能称之为"大分"。大分乃是一种具有必然性、当然性的"分"。例如，车辆不管靠左行也好，靠右行也好，总而言之，要使道路上的车辆不乱，来往车辆就必须都仅靠一边行。这是必然的，非如此不可。所以说是"大分"。在法律制度中，具有必然性的"大分"，是属于第一序列的；不具有必然性的"分"，是属于第二序列的。第二序列的"分"，我们知道是以"约定俗成"为根据的；那么，第一序列的"大分"，是以什么为根据呢？就是"礼"。故曰："礼者，法之大分也。"这个"礼"，就是我们前面所说那个纯粹而客观的理的系统。这个纯粹而客观的理的系统，就是一个纯粹而客观的必然性系统。只有它才能成为第一序列的"大分"的必然根据。由历史传统代代相沿下来的礼制，负不起这个责任。因为它本身就不是一个必然性系统。

"群类"，就是"类"。"群"极可能是一个由古人传抄而误加上去的字。可能由于笔误，也可能由于无知。说一个"类"就够了，加上一个"群"字，不但多余而且很伤义理。"类"在荀子学术思想中，是一个非常重要的观念。而且，在我国学术思想史上，也没有任何其他一位思想家像荀子这样把它当作一个学术名词来看待过。要想了解这个字在荀子学术思想中的意义，借用达尔文的生物学"分类"应该是很有帮助的。试想地球上生物界何等繁杂！要想对它有所了解而加以控制进而利于人类生活，又该是何等困难！可是经过达尔文的分类整理，我们就可以知道在这繁杂之中居然还有个有条不紊的系统存在着呢！有系统就不繁杂了。人间世界，特别是人间世界中的人生行为世界也是如此。它是一个无穷复杂运行于时间中的网状立体。看起来，它似是一个绝对的大"乱"，其实不然。在我们的人间世界与人生行为世界中，也是有一个有条不紊的系统的。正因为这有条不紊的系统，我们这个无穷复杂看似大"乱"的人间世界与人生行为世界，根本就是个有条不紊的系统体。在这个系统体中，事事物物，无不各居其类，各有其理，且彼此之间，也是条贯分明，秩序井然，不能杂乱的。荀子将其称作"统类""伦类"。统和伦，都是系统、秩序之义，简称叫"理"。正因为"类"由"理"成，所以"理"也可由"类"显。所以荀子认为，"统类"就人群集体生活的社会与政治而说，既着眼于个体生活中的个体性意义，也着眼在个体在集体生活中与其他个体生活间的关系意义。化学分析中有所谓定性分析和定量分析，荀子这种重视"统类"的智慧，就是这种分析的智慧，其分别只不过一个用在自然世界的化合物中，一个用在人文世界的社会、政治之集体生活中而已。

荀子说："以类行杂，以一行万。""类"即统类的简称。统类依理而成，故可以"行杂"。"行杂"，就是调整具有杂多本质的人间世界与行为世界，正好像生物学的以理分类可以调整具有杂多本质的生物世界一样。"以类行杂"，是从现实世界来说的；"以一行万"，是从纯理世界来说的。这里的"一"并不是"一个"的"一"，"单一"的"一"，而是一个系统的"一"，指一个具有必然的理之系统而言。譬如在数学中，看起来似乎是无穷的繁复，其实却是一个必然性的推理系统，逻辑也是这样的。所以，"以一行万"只是"以类行杂"一语的理之重复，并无新义。这"类"，这"一"，荀子又叫作"贯"。所以荀子又有"理贯不乱。不知贯，不知应变"这句话。人间世界与行为世界中的杂、多、变、乱，必须以统类理之。这是荀子的见解，也是自然的道理与事实。

在荀子以前的社会与政治中，人群集体生活中的"类"，事实上已存在很久了。在荀子看来，贵贱是绝对要分的，他的"统类"也是要分贵贱的。但贵贱不能以血统为标准。血统完全是个生物学观念，不是一个理的观念。是纯被动的、纯主观的，既非理想的，也非道德的。这种以血统为统的"统类"，本身是一种惰性，同时也是社会与政治的惰性。在这种惰性之中，人群集体生活显得僵化与死寂，不但谈不上政治的进步，也根本谈不上政治。所以这种"统类"必须打破，代之以道德的、理想的、主动的、客观的理的"统类"。

商鞅变法，一眼就看出了这种毛病。他规定"宗室非有军功论，不得为属籍"，这就是说贵族之所以为贵族，不能仅靠血统关系，还要有军功。军功是个人对国家的客观贡献。借着客观的贡献，贵族便得到了一种客观的政治地位与意义。这对贵族来说，本是很好的，但是，当时的贵族并没有这种客观性的眼光，总以为商鞅是在找他们麻烦。就商鞅立法来说，他要客观化贵族，的确是一个非常了不起的创见。但是，他只以军功为客观化贵族的方式，事实上是没有真正的客观意义的，因为"军功"根本不具备任何"理"

的意义。"太子犯法，与民同罪"的观念也是商鞅建立起来的，他也真依法处理了太子犯法的案子。借着这一处理，他使自己的立法具有了国家政治构造的客观地位，他也使太子具有了国家政治的客观地位。这对国家政治与太子来说也都是很好的。可惜秦惠王并没有这种眼光与器识。等他的父亲秦孝公一死，他便听了他左右人之言而车裂商鞅。这当然是一种非常让人惋惜的事情，不过，商鞅本身也是要负责任的。法律，应该是具有客观意义的，可是商鞅的法，在秦国所有贵族、平民的眼睛中，只是"商君之法"，并没有具备其应该有的客观意义。

荀子就不同了。他并不以现实的任何特殊事件作为一个客观标准来客观化现实中的任何个人或人群。也许正因为他并没有现实上的政治地位与权利，他能纯客观地提出一个纯客观的理的原则以客观化所有的人，那不仅是贵族而已。他这一个纯客观的原则就是具有道德与政治双重意义的"礼义"。他说："虽王公士大夫之子孙也，不能属于礼义，则归之庶人；虽庶人之子孙也，积文学，正身行，能属于礼义，则归之卿相士大夫。故奸言、奸说、奸事、奸能，遁逃反侧之民，职而教之，须而待之，勉之以庆赏，惩之以刑罚。安职则畜，不安职则弃。五疾，上收而养之，材而事之，官施而衣食之，兼覆无遗，才行反时者死无赦。夫是之谓天德，王者之政也。"

这是自《荀子·王制》篇第一段节录出来的，由此可想见其在荀子学术思想中的重要性。他是要以"礼义"来客观化所有的人，在这客观化之中以明其统类。在这统类世界中，自有其严格而不可逾越的差等，但这差等由礼义的理之系统成，不由生物学血之系统成，也不由现实的"军功"之率成。因此，这一客观性一方面是个绝对真实的客观性，另一方面又是一个人可经由其个人努力而达成之客观性。政府只立这一绝对客观性的礼义，以待天下之民。"安职则畜，不安职则废。"至于残障民众，政府也有责任养之教之，使其有一技之长以贡献于社会，这就是所谓的"官施"。对这样的残障民众政府自当供之以衣服，否则，"死无赦"。这样，依礼义之理的系统来规定的统类，乃是真正的统类。其中只有成就而没有限制，只有廓然之大公而没有偏狭之自私。这里所谓的"礼义"的真正所指，并不是我们在普通日常生活中所了解的层次，而根本就是我们前面所说为其大清明所觉察到，与其大清明心混而为一的客观的、纯粹的理之系统。故曰："夫是之谓天德。""天"在这里所代表的就是这纯粹而客观的意义。当然，它也有超越而普遍的意义。不过，既然讲到纯粹而客观，就已有了超越而普遍的意义了。进而言之，这天德并不真在天上，而是落实在这人间世界中。落实在人间世界中的天德，就是政治。所以，紧接"夫是之谓天德"，荀子接着便说："王者之政也。""法之大分"以它为根据，"类之纲纪"也是以它为根据的。

荀子的客观精神由此而见。荀子的政治心灵也由此而见。

（六）《荀子》重要文献选录评述

概论性地述说荀子，应该算是够了。下面我们将从荀子书中选出些比较重要的章节，加以解释讨论，以体现出《荀子》学术思想的大体。

一

　　君子之学也，入乎耳，着乎心，布乎四体，形乎动静。端而言，蝡而动，一可以为法则。小人之学也，入乎耳，出乎口；口耳之间，则四寸耳，曷足以美七尺之躯哉？古之学者为己，今之学者为人。君子之学也，以美其身；小人之学也，以为禽犊。

（《劝学》）

　　曾国藩在家书中常告诫其子弟说："要做一个读书明理的君子。"他这句话看起来很俗，其实是很雅的。雅就雅在它真实，它真实地揭示出求学的真实方式与其真实目的。

　　求学是必须读书的。因为书是前人经验与智慧的记录。有前人的书在，我们可以花费很有限的时间，借读他们的书获取他们毕生的经验或智慧。可是，书都是用字来写成的，这样就会使我们在读书的过程中产生一个很合理的错觉，读书就是认字，而认字呢，是查字典。殊不知认字只是读书的手段或参考，并不是读书的目的；读书的目的在于获取前人借着这些字所要表达的经验与智慧。不认字固然不能读书，仅认字也是不能读书的。再说查字典也只能是认字的手段或参考，也是不能到此为止，仅此而止的。这本是很浅显易通的道理，奇怪的是居然有很多人不明白。普通人不明白不足为怪，一些一辈子以读书为职的也不明白就是一件非常令人大惑不解的事情了。我们前面引述刘宗周"今人读书，只为句句明白，所以无法可处。若有不明白处，便好商量也。然徐而叩之，其实字字不明白"这句话便是指这些读书人而言的。

读书的目的在于明理。明理就是从前人的经验或智慧中获得属于每一个人的普遍性真理，否则，就是本末倒置了，而且也可说是根本没有读书，便是刘宗周所说的"字字不明白"。

现代人读书目的是在求取科学知识与技能，这自然也是一种理。唯这种理取得后是应用在"物"上的，它可以与做人无关。古人读书以成就道德人格为目的，因此，从书中读出的"理"必须通过人格的实践方能算是真实。荀子这里所说的"美其身""为己""布乎四体，形乎动静，端而言，蠕而动，一可以为法则"就是这意思，王阳明所说"良知必须在事上磨炼"也是这意思。如果理只是理，与"我"毫无关系，"学"就完全失去了其成就道德人格的意义，理也就只是一种概念游戏。这样的理，王阳明给它一个名词叫"光景"。景就是影，王阳明的意思是说这只是道德良知的影子，不是道德良知。正如人的相片不等于人一样，道德良知的影子也不等于道德良知。

再说，道德人格的建立本身就是目的，也只应是目的。如果以道德人格的建立为手段以达到建立道德人格以外的其他目的，就是荀子这里的"以为禽犊"的"小人之学"。不仅为非道德的，而且是道德的负数。孔子说："乡愿，德之贼也"，就是这个意思。

二

> 百发失一，不足谓善射；千里跬步不至，不足谓善御；伦类不通，仁义不一，不足谓善学。学也者，固学一之也。一出焉，一入焉……是故权利不能倾也，群众不能移也，天

> 下不能荡也。生乎由是，死乎由是。夫是之谓德操。德操然
> 后能定，能定然后能应，能定能应，夫是之谓成人。天见其明，
> 地见其光，君子贵其全也。（《劝学》）

道德，不管从理上说，还是从实践上说；不管从个人的主观实践上说，还是从集体的客观实践——政治上来说，都必须是个必然的必然性系统。孟子认为这个必然性系统的根本就是"性善"；荀子认为就是为大清明心所察识并与之合而为一的纯粹的、客观的理的系统。道德，不能是出于偶然的。如佛家所说"如虫食木，偶然成字"，那是不可以的。道德是"理"，理无偶然。由此道德之理系统与实践系统的必然性，我们也可以证知道德之理与道德之实践皆具有先验的意义。在这方面，孟子与荀子并无差别。射、御之善都是经验的，都是偶然的。不要说"百发失一"，即使百发不失一，万发不失一，一生从不失一，也都是偶然，不能是必然的。因为一切在经验中的事物都是"偶然"，而不是"必然"。

荀子所谓的学，与射、御虽然从表面上看起来都是我们经验中的事情，都应该是偶然的，自然也应该是相同的，其实不同。射与御的所谓经验，是彻头彻尾的经验，根本就没有成为"必然"的可能性；学却必须从经验的层面达到先验的层面，必须从偶然的层面达到必然的层面。孔子"下学而上达"就是这个意思。"学"必须达到这一层面，因为只有在这一层面上，道德的实践才有真实的必然保证，如果不能达到这个层面就不能算是"善学"，因其根本未透出道德实践的必然性。"如虫食木，偶然成字"，哪能算是道德！

"伦类"，就是统类，就是道德实践的社会与政治的客观意义；仁义，自然是道德实践的主观意义。二者其实不能分，分只是叙述之便。"通"，就系统的通，必然的通；必然的系统，当然为"一贯"之一，纯粹之一，所以也可叫"一"。所以一就是通，通就是一。是一便不能是二，所以客观的实践是这个一，主观的实践也是这个一。故曰："一出焉，一入焉。"学，当然就是学的这个"一"；不能"一"，当然就不能算是善学。这个"一"，就是我们前面所说的纯粹而客观的理的系统。

一个人如果真能以其"虚一而静"的大清明心透显出此纯粹而客观的理的系统，并与之混化而为一，就必然是任何外在力量所不能动摇的。佛家说八风吹不动，孟子说："富贵不能淫，贫贱不能移，威武不能屈"，荀子说："权利不能倾也，群众不能移也，天下不能荡也"，都是这个意思。为什么如此呢？因为，在这时道德不是道德而是自己的生命，自己生命也不是自己生命而是道德。道德与自己生命根本是个"一"。故曰："生乎由是，死乎由是。"道德如果说也是一种学问，那么这种学问就是生命的学问。生命的学问就必须与生命为一，否则生命既不成其为生命，道德也不成其为道德。儒家讲道德是如此，佛家讲涅槃，庄子讲逍遥，都是如此。内容不同，境界则一致。只有基督教不是这个方式，所以近代存在主义者便对其深致不满。存在主义者讲主体性的建立，讲主体性即真理，就是要求这种生命与真理为一的方式。他们欣赏庄子，认为庄子的学问是一种生命的学问，他们不知道，凡儒、释、道都是生命的学问。

道德学问与生命混然为一，就是道德人格的真正成就，荀子名之曰："德操。"孔子"三十而立"之"立"，能从这里来理解方为不误。《礼记·学记》言学之"大成"，说是"强立而不反"，也应从这里来理解。佛家讲到佛性时说佛性具有"不变"与"随缘"两种特性。"不变"是讲佛性的独立存在意义，"随缘"是讲佛性能随外在环境之变化而相应地生起不同的作用的意义。不过，这二者并不是分别存在的两件物事，根本互相存在于"对方"之中而为一的。故曰："不变而随缘，随缘而不变。"宋、明儒者好讲"体""用"两个字，又强调体、用不二而为一，也是这个意思。譬如孝心是体，这里自然不能变，变就不成孝心了。可是在生活中孝的行为——也就是孝心的作用——是应该随父母的生活情况而有变化的。孔子曾说过"有事，弟子服其劳，有酒食，先生馔，曾是以为孝乎？"这句话，每人自然都应该如此孝顺父母；可是，如果父母患有高血压不应该多吃酒肉之类而应多做些不太剧烈的运动，那我们就应改变方式来孝敬他们了。但不管怎样变，总是孝心的表现方式，都是孝心的作用。孝心不变之本体就存在于这变的孝行中；孝行变之作用就存在于不变的孝心中：二者根本为一。《论语》曾有这样一段记载，说："子曰：参乎！'吾道一以贯之。'曾子曰：'唯！'子出。门人问曰：'何谓也？'曾子曰：'夫子之道，忠恕而已矣！'"忠，就是从道的本体而说的；恕，是从道的作用而说的：在这里自是一个"一"。荀子曰："夫是之谓德操。德操然后能定，能定然后能应。"这"定""应"两个观念，就必须从本体与作用处来体会，否则一定错。道德有体有用，才算是成德之人，故曰"成人"。

"地见其光"的光，其实是个"广"字。荀子这里是从《易经》坤卦六二象传"地道光也"借用而来的。这个"光"字，经近代经学家的考证，其实是一个"广"字。天上日、月、星辰的光明，与地的广大，都是天地的真实。葆有这真实而不失，是天地之"至"。天有天的真实，地有地的真实，人自然也应该有人的真实。人的真实是什么？在荀子看来，就是这种当然而不妄，必然而不失，纯然而不杂，体、用一如而不二的"善学"。这是人的生命、生活，不仅是"学问"而已。人必须生活在这真实之中。故曰："君子贵其全也。"孔子曰："人之生也直，罔之生也幸而免。"直，就是真实；罔，就是非真实。人必须生活在真实之中；否则，就只有靠侥幸以免于失败了。老子更不客气地说："知常曰明，不知常，妄作凶。"常，就是真实。人不生活在真实之中，而在非真实中"妄作"是一定"凶"的。

三

人之所以为人者，已何也？曰：以其有辨也。饥而欲食，寒而欲暖，劳而欲息，好利而恶害，是人之所生而有也，是无待而然者也，是禹桀之所同也。然则人之所以为人者，非特以二足而无毛也，以其有辨也。今夫狌狌形笑，亦二足而毛也；然而君子啜其羹，食其胾。故人之所以为人者，非特以其二足而无毛也，以其有辨也。

夫禽兽有父子而无父子之亲，有牝牡而无男女之别。故人道莫不有辨。辨莫大于分，分莫大于礼，礼莫大于圣王；圣王有百，吾孰法焉？曰："文久而息，节族久而绝。守法数之有司，极礼而褫。"故曰："欲观圣王之迹，则于其粲然者矣，后王是也。"

彼后王者，天下之君也。舍后王而道上古，譬之是犹舍

己之君而事人之君也。故曰："欲观千岁，则数今日；欲知亿万，
则审一二；欲知上世，则审周道；欲知周道，则审其人所贵
君子。"（《非相》）

"人之所以为人者"，就是人之所以为人的真实所在。通常
我们都是把我们为人的真实放在"饥而欲食，寒而欲暖，劳而欲息，
好利而恶害"的生物学生命之上。在这里，荀子和孟子一样都认
为生物学的生命真实并非人所"独"有的，而是人与其他生物"同"
有的，是人作为其生物学家族中一员的真实而不是人独立地作为
"人"的真实，人在其"人之所以为人"的真实上，与其他生物
是截然不同的。孟子以为"人之异于禽兽者"的真实就是"性善"，
而这"性善"是很难看得出来的，故曰："几希。"结果，这"几希"
却真的是很"几希"的，不仅一般人看不出来，连荀子也看不出来。
荀子则完全不从"性善"讲人与禽兽的分别。他讲人与禽兽的分别，
乃至于君子与小人的分别，就在一个"辨"字。

荀子这里的"辨"，实具有两方面的意义。

从主观方面来说，就是上面我们曾说过的那一"虚一而静，
谓之大清明"之心的透现。一般不虚、不一、不静、不大清明的心，
就是近代心理学中所讲的"心"，佛家叫"识心"。在这里，人
与禽兽只有程度上的差别，而没有本质上的差别。所以，近代心
理学研究都是以动物做实验的。佛家则说："一切世间十种异生，
同将识心居住身内。"清明心则不然，只有人有，禽兽是绝对没有的。
它极接近佛家所说的"于境决断，说之为智"的智。智与慧，在
佛家，有时无别，有时有别。从其无别处而言，通称智慧；从
其有别处而言，慧指如来藏自性清净心的自我呈现，智指对大

千世界无明黑暗的照见。"境"，就是对象；决断，就是照见。所以，智，就是对"对象"的照见。荀子这"虚一而静谓之大清明"的心境界，与佛家的"慧"同，作用与佛家的"智"类似而不同。其不同在于荀子大清明心对客观世界的照见、决断是一种理之系统的照见与决断，因其本身就是一个理之系统的大清明，故名曰"辨"。

《礼记·乐记》说："知声而不知音者，禽兽是也。""声"，就是今天所谓乐音、噪声的分别的声音；"音"，就是今天所谓的音乐。音乐，基本上是由乐音之"声音群"加上一定的"秩序"组合而成的，正如通过阅兵台的分列式队伍是由"人群"加上一定的"秩序"组合而成的一样。当听音乐、看阅兵的时候，声音群是由我们的"耳"所听到的，人群是由我们的"目"所见到的，而音乐与队伍中的秩序却是由我们的"心灵"所体会得到的。禽兽也有"耳"，所以能听声音；也有"目"，所以能见人群；但没有"心灵"所以不见秩序。故曰："知声而不知音者，禽兽是也。""不知音"，就是没有知觉秩序的能力，没有一个理之系统的大清明心以照见、决断秩序。

再从客观方面说，荀子这里所说的"辨"就是"法之大分，类之纲纪"的"礼"，是人类集体生活中的秩序。这秩序便是使人类的集体生活有别于禽兽的集体生活，从而真成为"人的"集体生活的根本道理之所在，所以，也是人之所以为人的根本道理之所在。人类的集体生活不是像禽兽一样只是一个"集体"，而是像音乐和分列式的队伍一样是一个有秩序的集体。故曰："夫禽兽有父子而无父子之亲，有牝牡而无男女之别。"这父子之"亲"，男女之"别"，便是人类集体生活的秩序的象征。

在这秩序中，各层次的集体有各层次集体的分位功能，各个个体在各层次集体中也有各个个体在各层次中的分位功能。这些就是所谓的"统类"，也就是这里所谓的"辨"，既不能逾越，也不能错杂。逾越、错杂，就要生乱；乱生，人就不能过"人"的生活，人就失掉其所以为"人"之真实了。而且，这"辨"不仅是人之所以为人的道理，也是人之所以能宰制自然世界以利于人之生活的道理。故曰："今夫狌狌形笑，亦二足而毛也；然而君子啜其羹，食其胾。"人之于狌狌是如此，人之于自然世界中的一切物亦莫不如此。这一点，荀子虽并未真切地意识到，但在他的"礼义之统"中确已具有很明显的倾向了。因为这是理之系统的必然作用。最有这种代表意义的就是《天论》篇所讲："因物而多之，孰与骋能而化之！思物而物之，孰与理物而勿失之也！愿于物之所以生，孰于有物之所以成！"

借用近代天文学家赫伯尔一个观念来说，理之系统作为一个理之系统另有一必然的意义，也是没有被荀子很清楚地把握到的，就是理之系统本身既是一个无止境地膨胀中的宇宙，而它作用到人文世界与自然世界也都是个无止境地膨胀中的宇宙。逻辑、数字都是个无止境地膨胀中的宇宙，自然科学是无止境地膨胀中的宇宙，我们都是非承认不可的。但是，如果说人文世界的秩序也是个无止境地膨胀中的宇宙，就会令人嗤之以鼻了。其实，这不仅不可笑，而且也是一个我们非承认不可的真实。《礼记·礼运》所述的"大同"的理想，就是指人文世界的秩序无止境膨胀的宇宙永远不可能达到的目的而言。佛教中地藏王菩萨那句"地狱不空，誓不成佛"也是这种类似的理想境界。我们如果能够承认逻辑、数学、自然科学的膨胀中的宇宙，我们便应该承认人文世界的秩序也是膨胀中的宇宙。

膨胀中的宇宙，从理论上说，是从一点出发向前做喇叭式的无限膨胀。因此，我们可以知道：

一、它必然是一个由简入繁的无限等差层次；

二、在此无限等差层次之膨胀宇宙中必然有我们不可测的宇宙、可测的宇宙和已测知的宇宙。

逻辑、数学是如此，自然科学是如此，人文世界的秩序自然也是如此。而且，这已测知的宇宙，也是一个由简而繁的等差层次。这是就已测知的宇宙本身来说的。如果就测知宇宙的人来说，也是可以依其对宇宙测知的程度分为诸多等差层次的。譬如在数学中，也许有人连一加一等于二都不知道，有些人知道了一加一等于二、五加五等于十等在日常生活中可运用到的计算，自然也有些人是完全离开了这日常生活中的程度直向那数学的膨胀中的宇宙努力追寻。他们的所得，构成了人类对此数学的膨胀中的宇宙之已测知的宇宙，他们测知得最多。所以，在此已测知的宇宙中，测知得愈少的，人数愈多；测知得愈多的，人数愈少。在逻辑、数学中是如此，在自然科学中是如此，在人文世界的秩序中也是如此。

在人文世界的理之系统中，测知得最多而又付诸现实的人就是荀子所说的"圣王"，其下就是"君子""士君子"之类的人物。人群集体生活中的诸多成员，在这里有极严格的等差层次。在《荀子》中，贤不肖的分别就在这里规定。故曰："人道莫不有辨。辨莫大于分，分莫大于礼，礼莫大于圣王。"可是，古代的圣王太多了，我们究竟要取法于他们中的谁呢？在荀子看来，我们当取法于"后王"。后王就是夏、商、周三代的王者，其实是仅指周初王者而言的。三代以前，荀子则称为"先王"。不过有时他也顺口称他所谓的"后王"为"先王"，如《劝学》篇："不闻先王之遗言，不知学问之大也。"

荀子一再强调"道过三代谓之荡，法二后王谓之不雅"。雅，就是雅正的意思，用今天的话来说就是"标准"。以荀子看来，三代，尤其是周代的法度是最标准不过的了，凡不同于周代的，都是不够雅正的，不够"粲然"的。三代以前并不是没有法度，只是太荒诞罢了。再说，即使三代以前真有很好的法度，也几乎是完全失传了的。如以法度的雅正粲然为标准来度量先王与后王，自然后王胜于先王，西周胜于夏、殷。在这里，荀子是继承了孔子"郁郁乎文哉！吾从周"的精神。

唯荀子这法后王的精神与孔子的从周也有根本不同之处，就在于荀子之法后王只肯定"后王"的价值，孔子之从周却能肯定"继周"者的价值。《论语·问政》记："子张问：'十世可知也？'子曰：'殷因于夏礼，所损益可知也；周因于殷礼，所损益可知也；其或继周者，虽百世可知也。'"孔子认为礼有可损益的一面，也有不可损益只可因循的一面。可损益的，也就是《礼记·大传》所谓可与民变革的，那是礼之节文上的度量、正朔、徽号、衣服等等；必因循的，也就是《礼记·大传》所谓不可与民变革的，那是礼的本质上的亲亲、尊尊、长长、男女之别等所谓"人道"。人道，即人之所以为人之根本，也是礼的根本。荀子也重视这人之所以为人的"人道"，称之曰"辨"。但是，孔子认为"人类"是第一序列的，礼之节文是第二序列的。荀子"人道"之"辨"是由礼之节文显出来，节文是第一序列的，"人道"是第二序列的。

荀子也曾说过"百王之无变，足以为道贯"这句话，可见礼之节文上面也有一个属于第一序列的东西，对应这个属于第一序列的东西，礼之节文是第二序列的东西。荀子这个不变之道，最后只落在一个纯粹客观的理之系统上。这里是无所谓人道不人道的。所以，荀子虽然处处肯定人道，他的人道却是完全无根的，只是"先王之伪"而已。

孔子所说的这种不可损益只可因循的人道，就是人之所以为人的德性生命的本质。孔子称之为仁，孟子称之为"性善"。这里才能负起"百王之无变，足以为道贯"的责任，因为它既是道德的，也是秩序的；既是纯道德，也是纯秩序。这是孔子客观精神的根本。孟子虽然客观精神不够，但他并不否认人类集体生活中客观礼文的价值。这一个根本能立得起来，制度文章上无论怎么变都是无所谓的，而且，制度文章随着时代进展与人类集体生活之日趋复杂的必然性，也是必须要变革的，不改变便不足以负起增进人类集体生活与个人生活的责任。

荀子在人之所以为人的德性生命处全无体会，而且根本加以无情的否认。人之所以为人的"人道"只成了第二、三序列的东西。这怎么可以！把一切人间属于价值的东西都看作是圣王们"伪"出来的东西，一个必然的问题便是圣王可以"伪"，秦始皇、韩非、李斯为什么不可以"伪"？荀子只以制度为制度，否定道德心灵在制度中的根本性作用，便是一种泛客观主义。不讲道德便算了，讲道德便不能只是泛客观主义，道德必须有主观的意义。

荀子基于他自己制度的心灵反对孟子"言必称尧及舜"。他不知道孟子称尧舜是一种道德心灵点醒的方式，不是一个肯定其实际政治制度的方式。就实际政治制度的观点来说，孟子也是取法于西周圣王的。在这方面，他讲得粗疏不成学问是真的，他不否认它且能肯定它也是真的。当然，历史不可以假定。若可以假定，我们假定孟子如生于荀子之后，孟子除反对荀子性恶说之外，对荀子的重视礼法、统类必是举手赞成的。以实现道德理想的客观精神与成就自然科学的客观精神不同。成就自然科学的客观精神可以完全无涉于道德心灵，实现道德理想的客观精神，不仅不能离开道德心灵而且必须以道德心灵为其根本的第一义。所以荀子纯以礼义之统之粲然明备来看他的所谓"后王"是不够的。

而且，在人文世界的秩序膨胀的宇宙内，为圣王们所测知与实现的，在他们当时的现实中也是有限的，所以，"尧舜其犹病诸！"孔子固然曾十分赞美周代制度，所谓"郁郁乎文哉！吾从周"。但孔子这句话是把周制度套在与夏、殷二代的比较中来说的，并不是把周孤立起来当作一个"绝对"来说的。膨胀中的人文世界的秩序，并不是到周为止的，周照样是可以被损益的。但荀子"彼后王者，天下之君也"一语，便是把后王当作"绝对"来看了。这无论如何都是不可以的，因为不管过去的现实也好，现在的现实也好，未来的现实也好，都是不容许有"绝对"的。因为，一切现实上的绝对不是造成人文世界秩序的停滞，便是对人文世界秩序的否定，或是二者兼而有之。韩非、李斯、秦始皇便是一个绝好的例证。

"舍后王而道上古，譬之是犹舍己之君而事人之君也。"这句话似乎是批评孟子"道尧舜"的，但是却给韩非、李斯带来了"绝对化"秦始皇的真实灵感与理论根据。荀子可以把后王和上古套在时间的过程中来说，韩非、李斯为什么不可以把秦始皇和荀子的后王套在时间的过程中来说呢？在时间的过程中与秦始皇比起来，荀子的"后王"也就变成"上古"，皆为"人之君"而非韩非、李斯之君了！

以时间过程中的量度来判断人文价值世界中的是非以决定自己的取舍，是荀子思想中的一个基本谬误。

四

礼起于何也？曰：人生而有欲，欲而不得，则不能无求；求而无度量分界，则不能不争，争则乱，乱则穷。先王恶其乱也，故制礼义以分之，以养人之欲，给人之求。使欲必不穷乎物，物必不屈于欲。两者相持而长，是礼之所起也。故礼者养也。刍豢稻粱，五味调香，所以养口也；椒兰芬苾，所以养鼻也；雕琢刻镂，黼黻文章，所以养目也；钟鼓管磬，琴瑟竽笙，所以养耳也；疏房檖䫉，越席床第，几筵，所以养体也。故礼者养也。（《礼论》）

人之生不能无群，群而无分则争，争则乱，乱则穷矣。故无分者，人之大害也；有分者，天下之本利也。而人君者，所以管分之枢要也。（《富国》）

荀子认为人的本质非常简单，一是欲望的，二是群居的。说穿了，都是生物学本能使然的。人生的基本欲望，就是食欲与性欲。它们都要求一个无限的满足，虽然它们本身并不能被无限地满足。由此基本的性欲与食欲，滋衍而生出的第二与第三、第四等序列的欲望那就更多了。在数量上，已经是一个无限了，在本质上它们也无不要求一个无限的满足。这正如俗话所说："欲望是无止境的。"这"无止境"确实有这双重"无限"的含义。

一个人既希望无限地满足其欲望的生活的存在，却又必须生活在"群"中。在群中"自己"以外的其他"个人"也都无例外地是一个具有要求无限满足，有着无限欲望的生活的存在。欲望不能自我满足，必须依赖于一种特定所需的对象。食欲使人产生一种饥渴的生命冲动，就必须以食物和水为对象来满足；性欲使人产生一种性的生命冲动，就必须以另外一个异性的人为对象来满足。这样，一个不可避免的事实就是争夺。争夺就必暴乱，暴乱的必然结果便是：一、个人欲望满足之所需被他人抢去，个人的欲望便不能得到满足；二、个人抢去了他人欲望的满足，他人的欲望便不能得到满足。前者在荀子看来，叫作欲穷于物；后者在荀子看来，叫作物屈于欲。"欲"，就是个人的欲望；"物"，就是别人。

这当然是个问题。解决这个问题，"使欲必不穷乎物，物必不屈于欲"。个人的欲望、他人的欲望，都要在群体中得到满足。荀子认为就只能靠"礼"了。而且，在群体中，个人欲望的满足与他人欲望的满足并不是分别得到的，而是在他人欲望的满足中满足个人欲望，在个人欲望满足中满足他人欲望。个人生活与他人生活，他人生活与个人生活，根本是一个不可分的有机体。故曰："两者相持而长。"欲使"两者相持而长"，荀子认为也是舍"礼"之外没有其他途径的。所以，只有在"礼"的度量分界中，"群"体中每个人的欲望才能同时完成而不至于因争夺、暴乱而成为生活的根本否定。故曰："礼者，养也。"故曰："无分者，人之大害也；有分者，天下之本利也。"

欲是天生而有的，为"性"。

礼是人为而成的，为"伪"。

所以，荀子思想的基本观念就是化性起伪，天生人成。这化、生中的根本关键与凭借就是"礼"。

礼是由圣王们制作而成的，圣王们所制作的礼以三代以下的西周为盛。因此，荀子说礼以"后王"为宗，特别是以西周初的"后王"为宗。周，在荀子的心目中，是以一个礼法、统类粲然大备的时代。西周的礼法，在荀子看来，就是如此，然而西周的礼法，本质上是不是就如此呢？这是一个我们必须弄清楚的问题。要把这个问题弄清楚，我们要从解答两个问题入手：一、西周的礼是否真的仅由人为而成？二、《礼记》"礼之居人曰曰养"，与荀子"礼者养也"有无不同的含义？

西周的礼从现实的规章制度上来说，当然都是"人为"的，这正如新大陆的发现是由哥伦布努力向西航海而取得成功一样。但是，哥伦布是"发现"新大陆而不是"创造"新大陆，新大陆是一个天造地设的自然，礼也是一个天造地设的自然。所以，有圣王制作的人为之礼，有天地造设的自然之礼。从典章制度来看，礼都是圣王制作的，这是礼的外在意义，古人叫作"礼之外心者也"。然而从精神根据来看，礼是天造地设的而不是圣王制作的，这是礼的内在意义，古人叫作"礼之内心者也"。"心"，就是人之所以为人的绝对内在真实，也就是我们前面所说的道德心灵。这就是"经礼三百，曲礼三千，其致一也"的"致"之所在。致，就是理；理，就是形而上的心灵根据。

《礼记·祭统》说："凡治人之道，莫急于礼；礼有五经，莫重于祭。夫祭者，非物自外至者也，自中出生于心也……忠臣以事其君，孝子以事其亲，其本一也。"祭礼就是为五礼"吉、凶、军、宾、嘉"之首的"吉"礼。祭礼不是"自外至者"，是"自中出生于心"的，其他诸礼也没有不是如此的。所以"忠臣以事其君，孝子以事其亲，其本一也"。"一"，就是此"心"，就是此"理"，也就是西周一切典章制度的内在心灵根据。

西周人是如此，先民称述帝尧之德也是如此。《尧典》曰："克明俊德，以亲九族；九族既睦，平章百姓；百姓昭明，协和万邦。黎民于变时雍。"俊德，就是大德，就是内在于生命中的真实德性。平，就是"辨"。平章，就是辨明。这就是先民礼制思想的滥觞。这种内在于生命之中的俊德，其实就是内在于生命之中的礼法。把它客观化出去因时因地制宜，就成为现实社会、政治与生活中的典章制度、礼义法则。西周人在这里有极明确的肯定。《诗经·大雅·烝民》曰："天生烝民，有物有则；民之秉彝，好是懿德。"彝，就是具有永恒意义的真理。秉彝，就是与生俱来的永恒性真理，就是《尧典》所说的"俊德"，《礼记》所说的"心"，孔子所说的"仁"，孟子所说的"性善"。这是一切外在礼制的内在根据。所以，孔子说："礼云，礼云，玉帛云乎哉？乐云，乐云，钟鼓云乎哉？"便是孔子对当时只重礼乐的外在意义不能肯定礼乐内在心灵根据之慨叹。所以，他又说："人而不仁，如礼何！人而不仁，如乐何！"人而不仁，一切外在的礼文制度全都是没有意义的！

由此看来，为荀子所师法的西周圣王在制作礼义法度以为人群集体生活的准则时，并非全凭人为的"伪"，而是有其内在的道德心灵以为根据的。这里，是一个天造地设的"自然"，丝毫不能以"伪"言，这里才是一个真正的"分之枢要"。不过，这个"分之枢要"并不由人君来管，而是由个人的道德心灵自管的。

很可惜，荀子在这里全无体会。

正因为荀子在这全无体会，所以当他讲到"礼者养也"的时候，养的目的就只在"以养人之欲，给人之求。使欲必不穷乎物，物必不屈于欲。两者相持而长"之上了。正因为荀子只能从"欲"处看人，所以他便很自然地以为礼的正面价值就只在"养"人的"欲"了。

《礼记》也有"礼之居人曰养"这样一句话："夫礼必本于天，动而之地，列而之事，变而从时，协于分艺，其居人也曰养。""天"，就是我们前面所说的道德心灵。因为这道德心灵具有先验的、绝对的、普通的、超越的、自然的、理则的……诸多意义，所以《乐记》便称它为"天理"。"本于天"，就是说礼的根本不在任何人的人为之"伪"，而在具有上列诸多意义的道德心灵，也就说是"天"。这样从道德心灵上说礼之根本，是指礼的理念意义而说的。

可是，礼不能只是个理念，正如"孝"不能只是个理念一样，它必须要成为一个实现。"动而之地"，就是"实现"的象征语言。因此，"天"的道德心灵是"礼"的根本、理念，而"礼"自然就是道德心灵的实现了。道德心灵的礼的实现，不能是挂空的，必须是在"事"上见其作用的。所以，孝不能只是个理念，不能只是个规矩制度，它必须在晨昏定省、生养死葬上见其作用。王阳明说良知"必须在事上磨炼"便是这个意思。事是具体一件一件的，故曰："列而之事。"

凡是讲到事件，都具有变动性。事件的变动，由环境条件所决定，而所谓环境的变动，由时间与空间的变动所决定。故曰："变而从时。"事件既"变而从时"，礼就也应该"变而从时"。如果事变而礼不变，那么这礼不仅不能达到成就事的目的反而一定会得到妨害的、反目的结果。这便是王船山所谓的"立理限事"。胡适就是要在这地方打倒旧礼教的。不错，孔子确曾说过："有事，弟子服其劳，有酒食，先生馔，曾是以为孝乎？"这句话，可是，如果父母患有高血压，这个孝的"方式"便必须整个"变一变"了。否则，死守孔子言语必成为孝的否定。

事件与事件的变动性，对"我"来说，都完全是外在的。事件与其变动性可以完全是外在的，礼不能完全是外在的，必须具有内在的意义，因为礼是由"我"来实践的。"分"，汉人郑玄解释为"月之分"。根本就是一种莫名其妙，没有意义的文字漫漶，不仅是错误不错误而已。分，就是"我"之分，是主观的"定分"；艺，就是"材"，是孟子所说"尽其材"之材，也是人主观的"能力"。协者，合也。礼不仅要列而客观的事，变而从客观的时，而且还要合乎主观的"定分"与"能力"。主观的定分与能力的乘积，就是"我"的应该，古人就叫作"义"。所以《礼记》下文便说："礼也者，义之实也。协诸义而协，则礼虽先王未之有，可以义起也。义者，艺之分，仁之节也。"

"其居人也曰养"的"养"，郑玄解释"义"，认为是一个字形之误，完全错了。这个"养"字，就字来说，同于荀子"礼者养也"的"养"字；就义来说，二者是很有差异的。养，我们前面讲到周代礼教的时候曾经说过就是礼的"成就"意义。在荀子看来，礼的这成就意义只落在"欲"上，只对欲望的满足负责任。在《礼记》这里，就不仅只在"欲"上，也在道德心灵上，而且主要在道德心灵上。礼的目的与作用，就在成就道德，实现道德。当然，从文字学的解释上来说，荀子的说法是对的。养之为字，从羊从食，从羊得声，从食得意。以食为养，当然是养欲的。可是《礼记》在这里所用的并不是它的文字学意义而是它的象征意义，来象征成就或实现。郑玄只是个文字学家，所以他根本不能懂。任何成就与实现都要求一个"圆满"，礼的成就、实现道德心灵自然也不例外。为了表达这"圆满"的概念，《礼记》又用了一个象征字，"肥"。《礼记》说："故治国不以礼，犹无耜而耕也；为礼不本于义，犹耕而弗种也；为义而不讲之以学，犹种而弗耨也；讲之以学而不合之以仁，犹耨而弗获也；合之以仁而不安之以乐，犹获而弗食（按：此食字旧本作肥，错了。）也；安之以乐而不达于顺，犹食而弗肥（按：此肥字旧本作食，也错了。）也。四体既正，肤革充盈，人之肥也；父子笃，兄弟睦，夫妇和，家之肥也；大臣法，小臣廉，官职相序，君臣相正，国之肥也；天子以德为车，以乐为御，诸侯以礼相与，大夫以法相序，士以信相考，百姓以睦相守，天下之肥也。是谓大顺。"大顺，就是道德心灵的绝对圆满的实现。道德、心灵得到这样绝对圆满的实现，"欲"之"养"，"体"之"养"，自然不成问题。道德心灵之养是"本"，欲、体之养是"末"。

荀子在这里，正好是本末倒置了。

五

　　君子既得其养，又好其别。曷谓别？曰："贵贱有等，长幼有序，贫富轻重皆有称者也。"（《礼论》）

　　分均则不偏，势齐则不一，众齐则不使。有天有地而上下有差，明王始立而处国有制。……使有贫富贵贱之等，足以相兼临者，是养天下之本也。《书》曰："维齐非齐。"
此之谓也。（《王制》）

　　荀子这两段话看起来似乎很简单，其实很不简单。因为这牵
涉到一个非常重要的问题，这问题从古至今一直困扰着人类，至
今未能解决。那就是在人类社会生活中的"差等"与"平等"的问题。
究竟差等好呢？还是平等好呢？当然，一提到这问题，我们就会
立刻不加思索地回答道："平等好！"其实，这很不一定。如果
我们肯稍加思索，就会发现，差等固然不好，平等也好不到哪里去。
在我国先秦的思想家中，墨家和道家是主张平等的，儒家和法家
是主张差等的。法家暂时不讲，如果差等真是不好，平等真是好，
儒家的圣贤们为什么要竭力这样主张并且竭力斥责主张平等的墨
家呢？可见平等是有问题的。

　　荀子是主张人间社会应有差等的，而且举"有天有地而上下
有差"之例来说明。这个例子是很好的，天地上下，山川高低，
都是有差等的，可见有差等是个自然现象，强要拉平便是违反自然。
孟子语："夫物之不齐，物之情也。"不齐，就是差等。万物本
来天生就是有差等的。同时我们也知道庄子不仅是主张人人平等
的，且主张物物也都是平等的，所以他们要"齐物"。物物不齐
是真的，物物平等也是真的。荀子这例子并不真正恰当。天地固
有高下，但这高下是人的眼睛分辨出来的，天地本身是无所谓高
下的。再说，与人类极类似的动物在群居生活中都是平等而无差
等的，为什么一定要在人的生活中妄造差等？可见差等也是有问
题的。

　　平等、差等都是有问题的。

我们该如何取舍呢？这不是一个"两难"的事吗？

其实，这里并没有什么"难"，这些"难"大概都是我们自己的思想纠结造成的——人类实在是一种最会纠结自己的动物。

现在让我们从墨子和庄子反对人间社会的差等方面，来看为儒家和法家所主张的"差等"的意义与价值究竟是什么。

墨子主张以无差等的"兼爱"反对儒家"仁"的差等之爱。他主张爱人之父如己父，爱人之国如己国。显然这是大"公"而无"私"的。

孟子批评墨子曰："墨子兼爱，是无父也……是禽兽也。"这评价是很公道的。可是，这句话却被许多人斥为人身攻击、谩骂。按这里所谓"禽兽"，即是生物学存在的意思，并没有今天骂人的意思。一位真正的墨者必须是"无父"的，"有父"便不能称为一个真正的墨者。"无父"就是在"爱"的分配上把自己的父亲看得和其他不相干的人完全一样，不能有任何差别。一有差别，便不能称为一个真正的墨者。自己的"父"与其他的个体完全无差别，在现实世界当中，只有纯生物学的禽兽群是如此，人的社会生活必须是有差别的。故孔子曰："鸟兽不可与同群。"

为什么呢？

其实，要弄清所谓"兼爱"与"差等爱"之间的是非曲直，必须弄清"爱"的本质与"爱"的实现之间的区分。"爱"的本质与爱的实现之间的问题，其实就是道德的本质与道德实现的问题。在以下的引文中，我们或称"道德"或称"爱"，其实是一样的。

道德与爱的本质，落在现实人生上来说，就是道德与爱的理想。爱或道德，自其本质或理想处说，必须是普遍而不应该有任何差等的。它本身是一"理"的存在，不具时间、空间性，故无时间、空间的限制。所以，我们不能说爱这个不爱那个，爱这个多一点爱那个少一点；爱现在的人不爱过去与未来的人，爱现在的人多一点，爱过去、未来的人少一点。孟子说："尽其心者，知其性也；知其性，则知天矣。"即表示道德的心灵的本身乃是个无限的存在，这种"爱"自然是普遍的。又说："思天下之民，匹夫匹妇有不与被尧舜之泽者，若已推而内（纳）之沟中。其自任以天下之重如此。"更表示不仅道德心灵本身是个无限的，人生活在现实中，他们的道德责任感也是无限的、普遍的，也就是无差等的。在这如有差等，如有限，如不普遍，便是自私，便不成道德，不成爱，不成其所谓仁了。

可是道德或爱不能只是一个感受或一个心灵的存在。也就是说它不能仅是个"理"，它必须实现出来成为一件"事"。就其为"事"来说，它就一定是有差等的、有限的、不普遍的，但不能说是自私的。这可从两方面来说。

一、自主观的实践来说，实现道德或爱不是想怎样实现就可怎样实现的，这牵涉到"能力"的问题。犹太经典中所说的耶和华既是一种普遍的"爱"，也是一种普遍的"能力"。他的普遍爱就是他的普遍能力，他的普遍能力就是他的普遍爱。他可以随其意志以实现他意志所在的任何实现。但是，人就不同了，任何人都是一个有限能力的存在，任何人都不能随其意志以实现他想实现的事情。而且他这有限能力也是有定点的，这定点就在于他具体生命所在之处。所以，离他这有限能力的定点愈近的地方，他的道德或爱的实现性愈强，愈远的地方愈弱。这是自然，不是自私。

譬如一支火炬，它散发出的光与热自然是愈近愈强烈，愈远愈淡薄的。我们能说火炬自私吗？火炬是如此，常被我们人类形容为无限光与热的太阳又何尝不是如此？它的"无限"是我们人类假想出来的，只在诗与宗教的语言中具有一种象征性的作用，在科学的语言中则完全是个"荒谬"。

人在道德或爱的实现中，既然离其能力定点愈近的地方实现性愈强，愈远愈弱，自然离他愈近的个体接受他的道德实现愈多，愈远则愈少。这便是孔孟差等之爱的自然根据，这里是绝对不能讲平等的。因为，那根本是违反自然的。

儒家主张"亲亲之杀"（杀，音同晒。就是由强至弱的差等）并不是"故意"要对自己的父母、子女好一点，对别人的父母、子女差一点，而是自然而然非如此不可。所以，人在道德或爱的实现中，如果一定故意要求普遍，便必然要否定差等；否定差等，便必然要否定父母、路人与"我"之间的不同，而勉强求同。所以，孟子便评墨子为"无父"。再说在爱的实现中讲"普遍"，除了具有无限能力的上帝可以全然实现外，古往今来无一人能够全然无差等地实现。人既无能力像上帝一样全然、无差等地把道德或爱如其本质一样地实现出来，便应根据其有定点的有限能力，由近及远，在差等次第中，实现他的爱或道德。这是道德或爱的实现之必然，不同于道德或爱的本质之必然。这两层不同的必然，都是先天的、绝对的、普遍的，没有任何"人"可以例外。

墨子反对儒家的差等之爱，力倡其所谓兼爱，便是因其只见爱的本质之必然，不见爱的实现之必然，他要强以爱的本质之必然加在爱的实现上面去。这完全没有实践的可能性。实质的可能性固然没有，甚至连个逻辑的形式可能性也没有。孟子批评他"禽兽"，正如孟子批评告子"率天下之人而祸仁义"一样，都是从理的必然上说的。把"父"看得和一般路人一样，当然就是"无父"，"无父"当然是"禽兽"之道。这里固然没有赞美墨子的意思，但也没有辱骂墨子的意思。只是依照墨子的兼爱说，做一个理所当然的陈述而已。

二、上面我们是纯粹就个人在爱或道德的实现方面来说差等的必然性，尚未说到社会差等的必然性。社会差等的必然性，其实也是基于个人在爱或道德的实现中差等的必然性。这种道德或爱的实现的等差性，我们说过，是建立在人的有限能力这一事实的基础上的。其实，人的有限不仅只在能力上，在时间上，在空间上，在智慧上都是有限的。所以，人可以说根本是一种有限的存在。人以其存在的有限实现道德或爱的无限，自然是不能普遍的，自然是必须要在由近及远的差等中的。差等既是自然的，就不能说是自私的；故意否定差等，既是不自然的，也是非人性的。所以是"禽兽"之道。

上面所说，是在个体生活中爱或道德的实现的差等性。

在集体生活中，也就是在社会生活中，个体与个体之间，也有一个比较的差等性。我们前面说过，人根本是一个有限存在。这是仅就个体而说的。如果以集体来说，每个个体的有限性也是不能一样的，即使身体构造完全一样的双胞胎兄弟，他们所占的时间与空间也有不同。孟子就在这里讲"夫物之不齐，物之情也"。人的具体存在，就是人实现道德或爱的凭借，凭借既不一样，实现道德或爱的成绩自然也不能一样。这不仅是天经地义的，而且也就是人的集体生活与禽兽群体生活的根本差异处。这就是儒家所谓的"尊贤之等"，与"亲亲之杀""男女之别"同为人之所以为人的根本道理的所在。如果这也叫作"礼"，那么这便是第一序列的，不可与民变易的礼的根本。这种爱或道德实现的差等就是人间社会的差等的充足原因。爱或道德实现的差等是自然而必然的，人间社会的差等就也是自然而必然的。同理可证，失去这差等便必然地要使人间社会生活成为"非人的"。墨子的不通即在此。

可是，人间社会中的差等也不仅于此，如印度历史上婆罗门、刹帝利、吠舍、首陀罗四种姓，我国历史上的公、侯、伯、子、男五等爵。这些，都不是自然而必然的，都不是以道德或爱的实现的差等为充足原因，而仅是靠血统关系一个条件来决定的。所以，用现在的名词来说，这都是非理性的虚妄分辨。这种非理性的虚妄分辨，在古今中外的人类集体生活中随处可见，名目繁多，不一而足。我们这里只不过拿印度古代的四种姓和我国古代的五等爵作为例子而已。

墨子与道家中的老子与庄子，不仅不承认这种虚妄分辨的差等，也不承认人类在实现爱或道德中因差等能力所形成的差等成绩。他们认为这统统都是虚妄而要不得的。两家的立论点虽然不同，最后的归宿却是一样的，都在否定人间社会的所有差等。

儒家，不论孔子、孟子、荀子，他们共同认为虚妄的分辨一定是要不得的，而分辨本身却是少不了的。基本的原因就是，在人群集体生活中无"分辨"就不能使集体中的每个成员得到他应该得到的生活。"物有本末，事有终始。知所先后，则近道矣。"凡事都有它的内在秩序，离开这内在的秩序，人便不能成就任何事情。而"分辨"就是人群谋求集体生活，并在这集体生活中谋求个人生活这件事情的内在秩序。因此，当我们面对一些虚妄分辨的时候，我们应该采取的态度不是怎样把这些分辨一脚踢翻，而是怎样把这些分辨中的"虚妄性"拿掉，并给它注入一种属于"真实"的东西以成全它。成全这些"分辨"就是成全我们的生活。

在人群的集体生活中如果完全没有分辨，就表示完全没有秩序，那便是一个乱七八糟的混沌。在混沌中，是没有任何事情可以成就的。所以要成就必须立秩序，起分辨。分辨的第一要义就在决定名、实。故分辨必须有名有实。有名无实的分辨，就是虚妄的分辨。虚妄的分辨，我们说过，非但不能成事且足以败事，故有名必须有实。这便是孔子"正名"的真意所在。孔子一生的工作也可说就在正天下的名分而已，在《春秋》一书中尤其彰明较著。

司马迁称颂孔子的《春秋》为"贬天子，退诸侯，讨大夫"的书。就是说孔子用天子、诸侯、大夫应该有的"实"来"正"春秋时代那些天子、诸侯、大夫的"名"。这表示孔子的客观精神。孟子在这方面虽然承传得比较不够，但也是深有体悟的。因此，当别人问到他有关"周室班爵禄"，也就是周代行政人员的差等及其待遇的问题时，他没有采用传统的"公、侯、伯、子、男"五等爵位及其待遇的说法，而是说："天子一位，公一位，侯一位，伯一位，子、男同一位"的差等及其待遇。表面上看来，似乎不合史实，但是，孟子却别有目的。他的目的就是要把天子也拉到"正名"的差等秩序中去，"闻诛一夫纣矣，未闻弑君也"，便是此意。

荀子对孔子的客观精神特有领会与承传，因此，他特别重视人群集体生活中差等分辨，唯这差等分辨不是根据血统关系而成，而是根据德行、学问的成就而成的。有其德必有其位，有其位必有其禄。反之，无德者自不当有其位，无其位自不当有其禄。故曰：
"虽王公士大夫之子孙也，不能属于礼义，则归之庶人；虽庶人
之子孙，积文学，正身行，能属于礼义，则归之卿相士大夫。"故曰：
"无德不贵，无能不官，无功不赏，无罪不罚。"以为贫富贵贱
必须有"等"，因为那是"齐天下之本"。

为什么呢？

因为只有在贫富贵贱有差等的社会中，才能鼓励人运用其聪
明才智谋求个人福利与公众福利，所以荀子不赞成平均主义，而
主张等差制度。当然，孔子曾经说过"不患寡而患不均"，好像
孔子就是一位平均主义者。其实，孔子那句话是在社会财富极"寡"
的情形下说的，并不是在社会财富相当繁庶的情形下说的。就社
会财富来说，寡是变态，繁庶是常态，所以荀子这主张乃是就社
会发展常态而说的。就社会发展常态来说，社会财富与社会荣誉
的分配必须有差等，才可鼓励人向上之意志与努力，以成就其更
高的成就。而这更高的成就，表面看来是仅属于个人的，其实也
是属于社会的，所以是"养天下之本"。

老实说，墨子"僈差等"的思想谈不上有什么哲学基础，他
的兼爱学说也没有什么形而上的根据。不过，荀子却给了他一个
哲学的解释，那便是人生普遍性的肯定。荀子说："墨子有见于
齐，无见于畸。"齐，就是人生的普遍性；畸，就是人生的个体性。
人生是兼具这两种意义的，都是人生的真实，不能偏废。人生的
个体性意义，就是今天一般人所说的"小我"；人生的普遍意义，
就是今天一般人所说的"大我"。这两者必须是同时完成的，因
为它们同是人生的真实。

朱熹有句很形而上的话对这个问题是一个很好的说明，他

说："统体一太极，物物一太极。"太极，就是一个具有自我目的的真实存在。自宇宙论的立场来说，宇宙的整体，也就是"统体"，是一个具有自我目的的真实存在。宇宙之间的每一物，也就是"物物"，也是一个具有自我目的的真实存在。凡是具有自我目的意义的真实存在，都必须是我们努力以完成的对象，不能是我们存心要牺牲的对象。这里所用的"对象"，只是假借用法，不能认真，因凡"自我"都不能是对象。朱子认为，"统体一太极"不能离开"物物一太极"而自太极其太极，"物物一太极"也不能离开"统体一太极"而自太极其太极；"物物一太极"必须在"统体一太极"中太极其太极，"统体一太极"也必须在"物物一太极"中太极其太极。这话听起来似乎是很玄，其实是极真切的。

孟子说："杨氏为我，是无君也；墨氏兼爱，是无父也。无父无君，是禽兽也。"这"禽兽"二字如果仅是孔子所谓"鸟兽不可与同群"的自然生命的、动物学的意义倒还勉强可以。人群集体或个体生活如果真能像鸟兽一样，自由自在地生活下去也是很好的。问题是孟子用这个字时还有"灾难"的意义，故比之以洪水、猛兽。

这怎么可能呢？

否定个体性，观墨子之意，就是否定个体性中的自私性。但个体性不仅是个自私性而已，它是自我性。"自私"，是应该否定的；"自我"，不仅是不应该否定的，而且还是应该证成的。因为自我一方面是个体生活中实现爱或道德的起点，也是集体生活中实现爱或道德的起点。普遍性必须落实在个体性上，否则，既无真正的个体性，也无真正的普遍性。故荀子说墨子："有齐而无畸，则政令不施。"又说："不知一天下建国家之权称，上功用，大俭约而優差等，曾不足以容辨异、县君臣。"这就是表示根据墨子否定个体性的说法，是根本不足以代表普遍性的天下、国家。因为天下、国家的普遍性必须在由肯定自我的个体性而呈现的差等体制中成就。

因此，我们可以说，人生的个体性与普遍性是必须同时肯定的。

第三章

《荀子·天论》篇评解

荀子这篇《天论》其实应该叫作《天人论》或《天人关系论》。因为，他在这篇文章中，不仅讲天，也讲天人之间的关系。

天人关系，一方面，是一个最原始的问题。任何一个民族，只要它一开始运用大脑来思考，首先思考的便是天人关系这一个问题。同时，天人关系，又是一个最精密的问题。当人们发现自己的思考能力愈来愈精密的时候，他们就会发现这天人关系的内容也愈来愈精密了。人类的文明愈进步，它的内容愈精密，自然也就愈复杂。

但是，不管这天人关系问题的内容有多么精密复杂，它的基本模式却只有三个。

第一，宗教、迷信的模式。这种模式，基本上认为天是人的主宰，人只是天的附属品、被统治者。人有善恶，天便有赏罚。所以人间一切的祸福、吉凶，都是由天来决定的。于是，天堂、地狱之说便自然而然地产生了。持这种看法的人，以为人间的善恶究竟是不是善恶，并不能由人来决定，更不能由人在世间活着的这几十年决定，必须等到死后由天来决定。这是人类有史以来所有宗教的共同看法，全无例外。这样的看法，自然不能免于迷信的成分。

第二，道德心灵的模式。前面我们说到宗教与迷信时，我们在这两个名词之间加一个"、"，那就是说这两个名词所代表的内容可以是相同的，也可以是不相同的。这里说到道德与心灵时，中间没有加一个"、"，表示在我们用这两个名词来讨论天人关系时，道德即心灵，心灵即道德，二者根本是不可分的。这种道德心灵便是人的主宰。除了它，再没其他的主宰了。一切的善恶、祸福、吉凶，都在这里说。它既是"人"的，也是"天"的。这样的道德心灵，虽然是属于"人"的，但它却是一个普遍的与永恒的存在，所以也是"天"的；这样普遍而永恒的存在，虽然是"天"的，但它却是内在于我们每个人的具体生命中，所以又是"人"的。这便是古人所说"天人合一"的真正意义。

第三，自然现象的模式。如春、夏、秋、冬的运行，风、雨、阴、晴的变化，都是一种自然现象，都是属于天的事情，人分毫也管不了它。不过，人分毫管不了它，它也分毫管不了人。人的祸福、吉凶，都是人因其为善为恶、为勤为惰而自取的。天既没有判断人间善恶、勤惰的能力与意志，也没有赏善罚恶、褒勤贬惰的意志与能力。天只是一个自然现象，而且是个物理性的自然现象。这样，天是天，人是人，各不相涉。

荀子看天，便是第三种模式。

这自然很合乎近代人头脑，因此，也最容易为我们近代人所接受。下面，让我们就依天论篇原文，逐段逐句加以评解，看看荀子究竟是怎么解释天、人以及天人关系的。

天行有常。不为尧存，不为桀亡。

一句话便把这种天自是天、人自是人的天人关系说得清清楚楚了。

"行"，以前有人做动词解释，就是"运行"的意思；有人做名词解释就是"道"的意思，"天行"即"天道"。其实，这两种解释没有实质上的分别。我们就说是"天道的运行"好了。"常"，就是定常不变。天道运行的春、夏、秋、冬，风、雨、阴、晴，是天道的不变的"常"，与人间社会的善、恶、贤、不肖的差别变化完全没有关系，像唐尧那样的圣明天子在位的时候如此，像夏桀那样残暴不仁的独夫在位时也是如此。天道运行的"常"，并不为人世间是尧是桀而有任何变易。用数学名词来说，天道是个常数，人道是个变数。人道中的善恶变化是根本没有一个定准的，所以是个变量；天道运行永远都是那个样子，所以是个常数。天道的常数自是常数，人道的变量自是变量，各不相涉。不管人世间如何变幻无常，天总是那个"常"。所以"天行有常。不为尧存，不为桀亡"。

荀子这种看天的方式是纯粹自然主义的立场。他不承认道德心灵之"天"。其实，道德心灵，或说是道德理性，它是个"个体性"的存在，不仅是与生俱来的，而且是我们人之所以为人的根据，"不事而自然"，所以是个"天"；自人人处来说，它是个"普遍性"的存在，不为任何个体所局限，扩而充之，就是宇宙之所以为宇宙的根据，"不事而自然"，所以也是一个"天"。这个"天"，也有它的运转与作用，此即所谓"行"；它这"行"，也有它的定常不变的"常"；它这"常"，也是"不为尧存，不为桀亡"。而且，尧舜的至圣至善不能使它多一点；桀纣的至暴至虐也不能使它少一点。这样道德心灵的天，是孟子学问的精神所在，是荀子根本不承认而且还坚决反对的。

那么宗教、迷信的"天"呢？

荀子自然就更不承认、更反对了。

《天论》篇就是在他这种意识下写成的。

无论是从文化、历史、哲学哪方面说，宗教与迷信都是不同的，不过它们却有一个地方是相同的，那就是它们都在人类现实生活之上遥设一个也好像人一般的有意志能力、有善恶判断，普遍而绝对存在的主宰，它主宰人间社会与全宇宙。人间吉凶祸福全是由它来执掌的。它的名称可以随宗教、迷信不同而不同，但可以通名之曰"天"。如果我们只承认一个自然意义的"天"，不能承认这样一个具有主宰意义的"天"，一个基本的问题马上就会来困扰着我们。那就是：人间的吉凶善恶是怎么来的？

荀子的答案很简单，很清楚，也很直截了当。

> 应之以治则吉，应之以乱则凶。

天道运行只是一个客观的常道。它那个样子在那里运行着，而人必须在它这运行中生活着，没有办法离开它。这个意思，荀子虽未明说出来，却是暗中含有的。对于这样一个天道运行，人没有接受它或不接受它的自由，只有怎样来接受它，用什么方式来接受它的自由。谁的方式恰当，谁就能在天道运行中得到福分；谁的方式不恰当，谁就会在天道运行中得到灾难。"恰当"，就是荀子这里所谓的"治"；不"恰当"，就是荀子这里所谓的"乱"。"治""乱"是人的事不是天的事，所以人们生活中的"吉""凶"便是人自己造成的不是天降下来的。

那么什么叫作"治"，什么叫作"乱"呢？

> 强本节用，则天不能贫；养备而动时，则天不能病；修道而不贰，则天不能祸。故水旱不能使之饥，寒暑不能使之疾，妖怪不能使之凶。

"本"就是男女本分的耕、织生产事业，"用"就是消费。

加强生产，节制消费，也就是我国传统上所谓的勤、俭，在原始的农业社会中确是充裕日常生活的不二法门。虽然在近代化的工业社会中影响贫、富的外来因素既多得不可胜数又大得难以估计，但勤、俭仍不失其为生活富裕基本因素的地位。勤、俭表现方式可因古今时代与社会结构、生产消费结构的不同而不同，但基本原则乃是相同的。这就是所谓的"天变地变道不变"。身体之健康与否也是如此。疾病成因，或由外部病毒之侵袭，或由内部生理之变化，可说是防不胜防，但是完备的营养与适时的运动却永远都是一个健康身体所必备的条件。至于说到人生中的灾祸，更是常有所谓"闭门家中坐，祸从天上来"的情形发生。自古皆然，于今为甚。但是，建立自己完美的人格，而且守持其基本做人做事原则而不变，永远是我们做人做事的根本。

照这样说来，一个人"强本节用"，也不一定不"贫"；"养备动时"，也不一定不"病"；"修道而不贰"，也不一定不"祸"。荀子这些话不是都成了胡扯了吗？

当然不是！

荀子当然有他的道理。

首先，如果我们只把这个"天"狭义地界定为一个有意志，有好恶，能审判人，能祸福人，像宗教、迷信中的上帝、神、老天爷一样的东西，荀子这些话便彻底是对的。

其次，如果把"天"广义地解释为一种非人力所能控制，但是却能绝对影响我们生活中吉凶、祸福的内在或外在因素，好像古希腊神话、悲剧中所说的"命运"一样的东西，荀子这些话便需要加以清楚地疏解，要看看他讲这些话的真正分际在哪里。既不能轻率地拒绝，也不能轻率地接受。而事实上，这样的"天"，荀子在《天论》篇下文中也是叙述到的。

现在我们就以人生中的吉凶、祸福与道德人格之关系而论。照荀子所说，"修道而不贰"则"天不能祸"。其实，一个人修道不修道与他所遭遇到的祸福是完全没有关系的。佛家所称的因果报应、善恶赏惩也是一样。那真是像司马迁在《伯夷列传》所说人格高尚好善而亲仁的得到祸灾，人格低下好杀而贪利的得到福乐，真是"不可胜数也"。司马迁时如此，荀子时如此，现今如此，未来也如此。因为，这可以说是人间社会中难以摆脱的现象，尽管这并非社会主流现象。那么，这又应该怎么解释呢？我们的立身行事又应该何去何从呢？

对这样的问题，荀子和司马迁各有其不同却无根本差异的方式。司马迁认为吉凶、祸福、苦乐只能从个人的感受处分辨，是不能有一个共同而客观的标准的。颜子居陋巷，别人都不堪其忧，他自己偏不改其乐。文天祥要杀头，任何人都认为是一种苦事，他自己偏"鼎镬甘如饴，求之不可得"。这根本是人生观的问题。

荀子以为这些吉凶、祸福、苦乐既然是"天"的事，那就根本不是我们"人"所能控制得了、管得了的，我们就不要去管它。我们做一个人，只要尽"人"的本分就够了。人的本分，就是"修道而不贰"。这个意思，荀子没有讲出来。但是，要说到人生的吉凶、祸福，就必须讲到这一层。

这当中，还有些需要进一步说明的地方，我们等荀子后面直接讲到这个问题的时候再讨论。

　　本荒而用侈，则天不能使之富；养略而动罕，则天不能使之全；倍道而妄行，则天不能使之吉。故水旱未至而饥，寒暑未薄而疾，妖怪未至而凶。受时与治世同，而殃祸与治世异。不可以怨天，其道然也。

"薄"，作"近"字解，即来至的意思。

就破除宗教、迷信的天来说，荀子的工作真是彻底而明快的。人的吉凶、祸福只有人来决定，与天一点关系也没有。天只是个春、夏、秋、冬，风、雨、阴、晴纯自然的运行变化，没有意志，不知善恶；既不能使人吉，也不能使人凶；既不能降福于人，也不能降祸于人。天不是人的主宰，只有"人"自己才是自己的主宰。福由己出，祸也由己出。所以，人在祸患的时候，只应该在自己身上寻找这祸患的原因，不可以在"天"那里寻找！

有人说我国的荀子很像德国那位宣布上帝死亡而主张超人哲学的尼采。其实，荀子比起尼采来实犹有过之，尼采比起荀子来尚不及甚多。尼采宣布上帝死亡，表示他还不能不承认、不敢不承认上帝曾经活着过。荀子则从根本处否定了在宇宙中曾经有那么一个可主宰人的"天"是存在着的。荀子要否定的这个"天"就是尼采要宣布死亡的那个"上帝"。所以，在荀子看来，"天"并没有死亡的问题，因它从没有"活"过。

在荀子看来，"天"只是春、夏、秋、冬的自然运行，风、雨、阴、晴的自然变化而已。人能顺着这些运行、变化做自己应该做的事如春耕、夏耘、秋收、冬藏便自然而有福，否则便自然而有祸。祸福都是从自己立身行事的方式中生长出来的，故曰："其道然也。"因此，"福"，不必谢天；"祸"，"不可以怨天"。

故明于天人之分，则可谓至人矣。

　　"分"，或作"分辨"之"分"，或作"分际""本分"之
"分"解释都可以。字面上自有不同，实质上并无差别。"至人"，
就是所谓"真人"，就是真正能称为"人"的人。庄子最喜欢使
用这样的名词，在儒家诸子中则甚少使用它。

　　在先秦诸子中，讲到"天人之分"的还有庄子，却与荀子的
意见完全相反，可谓一样的题目，两样的文章。庄子教人"无以
人灭天，无以故灭命"。不可以"人"的"故"意破坏"天"之
所"命"，可以说是一种彻底的自然主义之立场。荀子"天生人
成"，认为"天"是一种自然物之材料，必待"人"来成就，所
以乃是一种彻底的人文主义的立场。这一点，我们在这里是不可
以不弄清楚的。

　　当然，荀子在这里讲这一句话，并不是在阐释他人文主义的
立场，乃是强调"天"与"人"的分别与其各自具有的根本性质。
天有天的特殊性质，人有人的特殊性质；天有天的特殊作用，人
有人的特殊作用。

　　　　不为而成，不求而得，夫是之谓天职。

　　"天职"，就是天的职责，天的事情，或天之所以为天的方
式。"不为而成，不求而得"，就是我们平常所谓的"自然"。
"自然"是一个被我们讲俗了的一个很不俗的名词。它的意思
就是自我而如此，不假外力，不由"他然"。譬如犹太人说，
宇宙万物包括人类在内都是由上帝耶和华创造出来的，所以说
是被造的。"被造的"就是所谓"他然"。耶和华不是被造的，
不是"他然"，而是"自然"。从荀子来说，"天"就是一个自然。

它的存在是自然，它的作用，如四季之代谢、六气之变化、万物之生息也是自然。

> 如是者，虽深，其人不加虑焉；虽大，不加能焉；虽精，不加察焉。夫是之谓不与天争职。

"如是"，即是"不为而成，不求而得"的自然之天职，或天职之自然。这种自然之天职或天职之自然，如果一定要我们用几个形容词来形容的话，那就应该是"深""大""精"三字了。"虽深"，即"唯深"，即白话文"正因它太深的缘故"。"其人"，即上文"知天人之分"的 "至人"。正因为天的功能太深，所以知天人之分的至人不用自己的心力去思考它；正因为天的功用太大了，知天人之分的至人不用自己的心力去做天所做的事；正因为天的功用太精微了，知天人之分的至人也不用自己的心力去考察它。天做天的事，人做人的事。这就叫作"不与天争职"。

> 天有其时，地有其财，人有其治。夫之谓能参。

儒家原有"参天地，赞化育"的说法，那就是帮助天地自然做事的意思。荀子并不反对，但有他自己的新解释。在荀子看来，天有四时代谢、六气变化，这是天的事；地能生五谷、六畜，这是地的事。而人呢，配合天地的相宜春耕、夏耘、秋收、冬藏，水田种稻、旱地种麦、北地养马、南方饲牛，按着天地的自然来做事，就是所谓"治"，就是所谓"参天地"。所以"参"乃是人之"能"，天地只是个自然存在或运行，它是无所谓参不参的。

舍其所以参，而愿其所参，则惑矣。

"舍"，是放弃的意思。"愿"，是盼望的意思。"所以参"
就是人所凭借来"参天地"的东西，这当然是指人应该做的事情，
即所谓"人有其治"的"治"说的。"所参"，就是"参"的对象，
自然是指天地而言的。一个人如果放弃自己应该做的事情而不做，
只希望天地把一切的福分都降临到他身上，便是一种愚蠢。在宗教、
迷信中，人常常就是在这种愚蠢中过活的。荀子这句话，可谓一
针见血。自己不好好保佑自己而求神明菩萨来保佑，自己不拯救
自己而求神明菩萨来拯救，那不是愚蠢是什么？

列星随旋，日月递照，四时代御，阴阳大化，风雨博施。
万物各得其和以生，各得其养以成。不见其事而见其功，夫
是之谓神。

荀子这里用的"神"字，绝对不能用宗教、迷信中常用的"神"
字来解释。这里的"神"实际上就是"奇妙""神妙""不可解释"
的意思。当作名词来说，就是"不可解释的东西"。

天是什么？正如我们前面所说，这个问题的答案复杂极了。
然在荀子看来，那是很简单的。那就是天体星辰的运转，太阳与
月亮互相出没照亮这个世界，一年四时的更替出现，寒暑、昼夜、
牝牡、男女的变化与生化，风雨的无所不及。换句简单的话来说，
就是大自然的运行。

大自然的运行，看起来似乎是万物杂陈，纷至沓来，其实它
既不杂，也不纷，更不沓，而是一个有秩序的和谐。万物就在这

个有秩序的和谐当中，各自得到它各自的生长与养成；而万物各自的生长与养成，也是个有秩序的和谐。譬如我们人就是如此。我们每一个人都是在大自然之秩序的和谐中得到生长与养成的，而我们人体本身也是个秩序的和谐。这不是很容易看到的吗？

　　人与万物都是在天地自然之秩序的和谐中得以生长、养成的。但是，天地自然究竟是怎样在那里形成那秩序的和谐呢？这却是人难以知道的。"不见其事"的"事"，在我国古代的文法中叫作"作用字"，在现在的文法中叫作"动名词"。它表示一种"动作"，一种当作名词而用的动作。所以，这"事"就是天"做事"的意思。人能看到自然运行，自然做事的成绩，即"功"，却看不到自然是怎么在那里做事的。这种"做事"，只能用一个字来说明，那就是"神"。

　　　　皆知其所以成，莫知其无形。夫是之谓天功。唯圣人为不求知天。

　　"所以成"，应该是"所成"的误写。"所成"，就是天"做事"的成绩。这是任何人都可以看到的，故当曰："皆知其所成。"如果是"所以成"，则是天"做事"的方法与凭借，而这不是人所能够知道的。对人来说，乃是一个"无形"，故曰："莫知其无形。"

　　天做事的方式与凭借是不可见的，而其做事的成绩则是可见的。它就是"天功"。天功，就是天的功能与成绩。

　　　　只有圣人才懂得见尽人事，而不去寻求改变天道的方法。

> 天职既立，天功既成。形具而神生。好、恶、喜、怒、哀、乐臧焉。夫是之谓天情。

天职、天功，散在宇宙万物身上见，自然也散在人身上。宇宙万物都是因天职、天功而生成的，人自然也是因天职、天功而生成的。人与其他物不同的地方乃在于，人不仅与其他物一样同有身体"形"，而且还具有其他物没有的感情，此即所谓"神"。故曰："天职既立，天功既成。形具而神生。"

荀子乃是借着这句话把整篇的论点从"天"那里拉到"人"身上来了。

人生来便是一个同时具有身体与感情的存在，即"形具而神生"，所以好、恶、喜、怒、哀、乐就叫作"天情"。天情，就是天生而有的"不事而自然"的"情"，都不出于人的"故意"。

其实，从"形具而神生"来说，人不仅具有好、恶、喜、怒、哀、乐的天情，人还有食欲和性欲的两种"天欲"。告子就在这两种"天欲"上说"性无善无不善"的。荀子当然应该了解到这一层，不过他却不在这地方说人的"天情"。也许这就是荀子比告子高明的地方。因为，这两种"天欲"不仅人有，其他的动、植物也都有。照荀子看来"天情"却是只有人才有的。

> 耳、目、口、鼻、形，能各有接，而不相能也。夫是之谓天官。

"官""能"，合称"官能"，就是"作用"的意思。耳有听觉的官能，目有视觉的官能，口有味觉的官能，鼻有嗅觉的官能，形（即身体）有感觉的官能。这些官能的本身都是一定的，它们所"接"的对象也是一定的。故曰："能各有接"，如耳接声，目接色，口接味，鼻接臭，形接冷暖。它们之间是绝对不能互相替代的，故曰："不相能也。"

这些官能之所接，与这些官能之所接的不可替代，都不是人要这样便这样的，乃是自然而然的。所以，"夫是之谓天官"。

> 心居中虚，以治五官。夫是之谓天君。

人其实不仅"五官"，很可能有无数"官"。因为，生命体实在是一个无穷的复杂体。这无穷复杂生命体的诸"官"，各有各的作用，集在一起，如何而不乱呢？在荀子看来，那是因为有一个东西在主宰着的，就是"心"。心，就是这个人生命体的主宰，所以叫作"君"。这个君，不是人想有就有，而是自然而有的，所以叫作"天君"。

人体的诸"官"，各有各的定位，这从解剖学可以看出来。作为"天君"的心，在哪里呢？是不是也可以用解剖学的方式找到它呢？在荀子看来，这是不能的。因为，心只是一种"明觉"，是一种"虚灵"。其实，不仅荀子这样说，孔、孟、老、庄，都是如此。心不是一个物质器官，不是一般解剖学上心脏之心，也不是解剖学上的大脑，而是一个"虚"的"灵明"。它是生命的核心，所以"心居中虚，以治五官"。

> 财非其类，以养其类。夫是之谓天养。

"财"，就是"材"，就是材质。宇宙万物，材质皆各自不同。动、植、矿物，何止千万：虽材质皆自不同，却构成一个互相滋养的系统。如以人来说，草、木、鸟、兽，都不是人类，但是可以养人类。其他物类养人类，人类也养其他物类。总起来说，宇宙之间无穷物类，都是取非其类以养其类的。这就是所谓"财非其类，以养其类"。总体来看，宇宙万物便是一个交互相养的大系统。这个系统也不是谁要这样便这样的，而是它自然如此，所以便叫作"天养"。

近代人类，挟科学技术以为利器，尽取宇宙万物以养人类，人类却不必去养其他物类，显而易见，人类得到了史无前例的福分。可是这种福分的代价就是宇宙万物交互相养的"天养"系统被破坏，破坏了宇宙万物那种天养系统的秩序之和谐。这样，人类享受这"福分"的最后代价，必然是一个自我毁灭的灾难。于是，生态学、环境学应运而生。

荀子这"天养"的观念就是近代生态学、环境学的根本基础。

顺其类者，谓之福；逆其类者，谓之祸。夫是之谓天政。

"类"，在这里就是秩序的意思，不是"物类"之"类"。面对宇宙万物交互相养的天养系统中的秩序的和谐，人类只有顺从的义务，没有违反的权利。人类顺从它，它便给人类以福分；人类违反它，它便给人类以灾祸。人间的法律是相对的、有限的，所以可以有"法外"；自然的法律是绝对的、无限的，所以没有"法外"。古人说："无所逃于天地之间。"或说："天网恢恢，疏而不漏。"都是这个意思。

这种绝对而无限的制裁，就是荀子所谓的"天政"。

> 暗其天君，乱其天官，弃其天养，逆其天政，背其天情，以丧天功，夫是之谓大凶。

"大凶"，就是绝对不可避免的"凶"，所以也可叫作"天凶"。这种大凶或天凶之所以为"凶"，不是自天而降的，乃是人"暗其天君，乱其天官，弃其天养，逆其天政，背其天情，以丧天功"自己招致而来的。"天作孽犹可违，自作孽不可活"便是这个意思。

> 圣人清其天君，正其天官，备其天养，顺其天政，养其天情，以全其天功。

圣人之所以为圣人，当然在于"全其天功，养其天情，顺其天政，备其天养，正其天官"，一切都归于完满至善。但是，这一切如何才能"得"到呢？要如何去"求"呢？在荀子看来，这一切似乎都是自"外"而得，求之于"他"的。其实根本是求之于"我"，自"内"而得的。要想得到这些东西，基本的条件便是"清其天君"。"清其天君"，就是使自己的心地清明。"虚一而静，是谓大清明"。这大清明之心，就是求得那些看起来好像是"外在"美好东西的"内在"根据。

可是，人的心却常常是不清明的。因此，它就常常需要我们清一清。正如唐代一位禅宗和尚所说："身是菩提树，心如明镜台。时时勤拂拭，莫使惹尘埃。""人者，心之器。"心是人的主宰、根本。这个地方不清明，那一切便都完了。所以，在荀子的学术中，

"清其天君"实在是一个基础观念。

为什么"清其天君"便可得到这一切好事情？

因为：

> 如是，则知其所为，知其所不为矣。

"知其所为，知其所不为"，就是知其所"当"为，知其所不"当"为。这个"当"字是少不了的。荀子可以不写出来，我们不可以不读出来。古人写文章常把很重要的字省略掉，后代人读起来就会感觉很麻烦。如果读不出来，则文义不能解；如果要读出来，我们又凭什么把古人没写出来的字读出来呢？这是读古书最难的地方之一。我们不能不注意。

这"当"与"不当"，实有下列三重意思：

一、从第一义的基本原则上说，便是前面所说的"知天人之分"。知道哪些是"天"的事，哪些是"人"的事。天的事，人管不了，"不当"去理会它；我们人只把人本分"当"做的事做好就可以了。可是，要知道这"当"与"不当"，也不是很容易的事。许多常把自己的"当"认为"不当"，又常把自己的"不当"认为"当"。为什么有这些情形发生呢？基本原因当然是心地不清明了。所以，"清其天君"，在荀子看来，便是一个人所以为人的"根本"。

二、从第二义的生活原则上说，便是知"礼"。荀子说："礼者，法之大分；类之纲纪也。"在人的行为世界中，事务之纷杂，平常所说的"千头万绪""纷至沓来"都不足以形容。就算是"千头万绪"吧，在这千头万绪的纷杂事务之中，我们凭什么知道哪是我们的"当",哪是我们的"不当"?我们唯一的凭借,就是"礼"。礼就是"道",故荀子说:"人何以知道?曰:'心。'心何以知?曰:'虚一而静。'"因此,清明的心便是我们"知"这些生活原则的根本。

三、以上都是静态地分辨基本原则与生活原则中的"当"与"不当"。但是,人的"当"与"不当"不仅是静态的,也是动态的。这便属于行为了。行为不是静止物。行为界的事务一方面是静态的"千头万绪",一方面也是动态的"千变万化"。在千变万化中,我们的"当"与"不当",也是千变万化的。我们的行为不仅是一个静态的世界,而且还是一个动态的宇宙。行为是动态的,礼也应是动态的;行为是千变万化的,礼也应该是千变万化的。这样,我们的"当"与"不当"自然也是动态的、千变万化的。知这种千变万化动态的"当"与"不当"当然也是需要"天君"之"清"的。

> 则天地官而万物役矣。

"官"和"役",其实是同义字。都是"为我服务做事"的意思。如果一个人能"清其天君",从各层面知道自己的"当"与"不当",并为其所"当"为,不为其所"不当"为,则天地万物必然都成了充实他生活内容,提高他人生境界的工具、材料而为他服务效劳了。

> 其行曲治,其养曲适,其生不伤。

"天地官而万物役"，是从外在世界来说的。"其行曲治，其养曲适，其生不伤"，则是内在于个人的行为与生命的世界之中来说的。

"曲"，是"尽"的意思，是完完全全没有遗漏的意思。如果一个人能"清其天君"，从各层面知其"当"与"不当"。从客观世界来说，能使天地万物都为自己服务效劳；从主观世界来说，他的行为必然是完美的，他的心灵与身体的营养必定是完善的。这样，自然是"其生不伤"的。养，本有养心志与养口腹二义。

夫是之谓知天。

通常我们一说到"知某物"的时候，我们就把某物当一外在"对象"，"我"来"知"它。"知天"，当然也是这个形式。事实上，这个形式也是荀子常用的。本篇下文"官人守天"的"守天"便是这个形式。可是这里的"知天"二字，却不能随便用这个方式来了解。

这里的"知天"的真义，事实上是以"圣人清其天君，正其天官，备其天养，顺其天政，养其天情，以全其天功。如是，则知其所为，知其所不为矣；则天地官而万物役矣。其行曲治，其养曲适，其生不伤"来决定的。所以，这是从知己来知天的。从知己来知天，即是在知己中知天。知天即知己，知己即知天，也就是前文"知天人之分"的意思。而且这一个"知"字也不能仅从"了解"来了解，它也有"实践"的意思。试看前面这段话，不是都从"了解"与"实践"两方面说的吗？再看荀子后面的叙述，又怎么可以不兼顾"了解"与"实践"两方面的意义呢?

> 故大巧在所不为,大智在所不虑。

"大巧""大智"的"大",都是"真正"的意思,不是大、小比较的意思。"不为",就是"无为";"不虑",就是"无虑"。说到"无",我们很容易想到道家的老子和庄子,他们都是以"无"为其思想底子的,好像"无"便成了道家的专利品了。其实,并非如此。在我国传统思想中,除法家外,儒、释、道都是极重视"无"的智慧的。就儒家来说,孔子讲,孟子讲,宋明儒学也讲。孔子前,《尚书》《诗经》中也都很重视它。有些是明讲出来的,有些是暗示出来的。

"不为",就是"不"故意违反自然的"为";"不虑",就是"不"故意违反自然的"虑"。真正的"巧",真正的"智",不在人故意造作,而在顺应自然。孔子说"吾述而不作"就是这个意思。近代一般人解释为孔子只是抄别人的文章,那是完全不懂孔子这句话的高贵意境。

当然,荀子这两句话在这里还有人当知天人之分,自守人当守之本分,不妄求知天,不妄求为天所为之事的意思。这种智慧,依荀子,乃是"至人""圣人"才有的。因此,我们也不能轻视它。

> 所志于天者,已见其象之可以期者矣。

假若一个人说:"我一定要求知天。"荀子就会告诉他:"不必了!"因为,天象中日、月、星、辰的旋转,春、夏、秋、

冬的运行，都已清清楚楚地显现在那里了，而且皆有定期可以
待之。春去夏一定来，夏去秋一定来，秋去冬一定来，冬去春
一定来，日、月、星、辰的旋转也是自有定期的，那人又何必
一定要去知天呢？

　　所志于地者，已见其宜之可以息者矣。

　　地也是如此，水田宜种稻，旱田宜种麦，北方宜养马，南方
宜养牛，河中宜鱼虾，山中宜鸟兽，都是清清楚楚，现成摆在那里的。
人只要按着它的定"宜"去种植生息，就可以了，又何必劳神苦思，
妄想地去知它呢？

　　所志于四时者，已见其数之可以事者矣。

　　四时春、夏、秋、冬也是如此。它们的代谢交替已经以一个
必然的次序周而复始地展现出来了。不仅它们周而复始的展现是
个必然的次序，而且我们人类在它们这必然的次序中所做事情也
是必然的。那就是春之耕，夏之耘，秋之收，冬之藏。它们这"必然"，
我们是非服从不可的，是"故意"不得的。在这方面，人究竟应
该做些什么事实在没有多少自由，也可说根本没有自由。这"必然"，
就是荀子这里所谓的"数"。"数"是一定的，所以我们有"定数"
这个名词。四时代谢的定数和人们在四时代谢中应该"做"什么"事"
的定数，也是在那里明摆着的。一目了然，又有什么可知的呢？

　　所志于阴阳者，已其见知之可以治者矣。

我国古来一向称"阴阳和合，百物化生"。阴阳从大的方面指天地，从小的方面指男女，都是要在和合中才能化生的。天地和合，宇宙万物才能各得其所，各遂其成。否则，宇宙万物便都完了。一个家庭中，夫妻和谐家业一定隆盛；夫妻不和谐，一切也就完了。所以，这"阴阳和合，百物化生"是一个事实，也是一个道理。这个事实，这个道理，也是清清楚楚、明明白白地在那里摆着的。大则安排国家民族集体生活的，小则安排一己家庭生活的人，治事的基本原则就是这个"和"，也用不着多花脑筋去劳神苦思。

荀子这些主张，如果以今日的眼光看来，似是有轻视自然科学之倾向。其实，我们并不能这样草率地下这个结论。请看下面：

　　官人守天，而自为守道也。

从史书所载，我们可以知道我国自有历史开始，政府中便有主管天象、山泽、农田等的官员。这就是荀子所谓的"官人"。这些官人，多是世代相传。因此，他们在那时就对他们所主管事务具备专业知识。天地、四时、阴阳，都有专职人员来司守，普通人只司守自己本分的"道"就可以了。

荀子这原则，在今天也是有效的。各种学问都有专家司理，如气象学家专司气象报告，一般人只在台风来时修检门窗，寒流来时加添衣服就是了，又何必去知道那台风是如何形成，寒流是怎么来的呢？

  "治乱，天邪？"曰："日、月、星、辰、瑞历，是禹、
桀之所同也。禹以治，桀以乱。治乱非天也。"

  古人有把人间社会生活，尤其是政治生活中的治乱归根于天
的说法。现在我们都知道那是一种迷信，但在古时却是被人当作
真理来信之任之的。荀子就针对这一真理加以无情批驳。

  有人说人间的治乱都是"天"造成的。荀子就要请这些人承
认一件事实，那就是天上的日、月、星、辰和一年三百六十五
天的历法，禹做天子的时候如此，桀做天子的时候也如此，一点儿
都没有差别。但是，禹做天子的时候天下大治，桀做天子的时候
天下大乱。可见天下的"治"或"乱"是与"天"没有关系的，
并不是天来主宰着的。

  "时邪？"曰："繁启蕃长于春夏，畜积收藏于秋冬。
是又禹、桀之所同也。禹以治，桀以乱。治乱时非也。"

  人间的治乱不是"天"主宰的，是一年四季主宰的吗？荀子
的答案是："也不是。"一切的生物，像农作物，春、夏二季
发育成长，秋、冬二季蓄积收藏，禹做天子的时候如此，桀做
天子的时候也如此，完全一样，没有差别。但是，禹做天子的
时候天下大治，桀做天子的时候天下大乱。可见天下的"治"
或"乱"与春、夏、秋、冬的四"时"没有关系。治、乱不由
四时主宰。

  "地邪？"曰："得地则生，失地则死。是又禹、桀之

所同也。禹以治，桀以乱。治乱非地也。"

人间的治乱不是由"天"主宰的，也不是由四"时"主宰的，是不是由"地"主宰的呢？荀子的答案仍是"不是"。一切的农作物，甚至一切生物，都是"得地则生，失地则死"的。禹做天子的时候如此，桀做天子的时候也如此。但是，禹做天子的时候天下大治，桀做天子的时候天下大乱。可见天下的"治"或"乱"与"地"是没有关系的，不是由"地"主宰的。

荀子这几段话都很简单，现在我们任何人都这样认为。可是在荀子那个时代，他能讲出这些话是很了不起的。由此，我们就可以看出荀子思想的冲击性了。

再者，就学理而论，荀子借着这几段叙述把人文世界和自然世界的真理清楚地分开。人文世界中的治乱、祸福、吉凶等是与自然世界没有关系的，这是清清楚楚的两个世界。再进一步来说，自然世界不能主宰人文世界的治乱、祸福、吉凶，而人类可以善用自然世界来增进人文世界的福乐。禹善于利用自然世界，所以就治；桀不善于利用，所以就乱。因此，如果我们一定要说人文世界中的治乱、祸福、吉凶与自然世界是有关系的话，那关系只在于人怎样运用这自然界，而不在自然世界本身。

诗曰："天作高山，大王荒之。彼作矣，文王康之。"此之谓也。

先秦思想家多喜欢在叙述一段道理之后，借《诗经》的话做一总括性的象征性说明。荀子也是如此。

这几句是从《诗经·周颂·天作》篇中引出来的。

这几句诗的大意就是：

上天在那里生出一座高山。本来人都是喜欢沃野平原的，因为容易耕种又可得好收成，现在生出了一座高山，岂不是很不好吗？可是，文王的祖父太王并不如此想。他把这座高山加以妥善运用使自己发达起来了。"荒之"，就是"大之"的意思。使自己发达起来，就是使自己"大"了起来。到了文王便得到了这高山的福利。

这就表示，任何自然世界的环境，只要我们能妥善运用，它都能使我们得到福利。

　　　天不为人之恶寒也辍冬，地不为人之恶辽远也辍广，君子不为小人之匈匈也辍行。天有常道矣，地有常数矣，君子有常体矣。

这一段可以解释为荀子的法天思想。当然，这种思想在荀子思想中不能算是主流。他不过是借以天道之常、地道之常，来说出人道之常而已。所以，这"法天"二字，只是我们随便说的，不能当作一种学术原则来了解。

天有四时，春日暖，夏日炎，秋日爽，冬日寒。任何人都喜欢春之暖，秋之爽；都不喜欢夏之炎，冬之寒。可是天并不因为人不喜欢夏炎、冬寒便停止了夏之炎，冬之寒。因为夏炎、冬寒是天的常道。天有春暖、夏炎、秋爽、冬寒为"常"，地也有地之"常"。地之常就是"广"。地之广，对人来说，有时也是麻烦，走路既很费力费时，而且常因此在想见远方亲人时便不容易见到。所以，地之广也常因其辽远而不为人所喜欢。

但是，地像天一样，不会因人不喜欢辽远就停止了"广"。因为，广是地的常数。常数、常道在这里是同义语，并无差别。天地的常道，就是使天地成为天地之道；如无这常道，天地就不成为天地了。

"君子"也是如此。

君子有君子之所以为君子的常道，如果没有这常道他就不能成为君子了。常道，荀子在这改用一个名词曰"常体"，其实也是一样。君子的常道是什么呢？按荀子来说，就是礼义；用孔子的话来说，就是仁；用我们普通的话来说，就是道德。所以，仁义道德可以一起来说。君子的常体，也像天的常道、地的常数一样，有很多人不喜欢。匈匈，就是汹汹，就是反对之声如潮水般汹涌的意思。虽然反对之声如潮水般的汹涌，一个真正的君子也不会因此而停止自己仁义道德的常道行为。因停止了这种行为，他就不能称之为君子了。《论语》中说："君子去仁，恶乎成名？君子无终食之间违仁，造次必于是，颠沛必于"，便是这个意思。

> 君子道其常，小人计其功。

这句话很容易使我们想到董仲舒。董仲舒曾说："正其谊不谋其利，明其道不计其功。"与荀子这句话，可说是同义语。董仲舒这句话的基本观念乃出自孟子的义、利之辨。孟子的义之辨，乃是出于孔子"放于利而行，多怨"。而孔子这句话也不是凭空讲的，一方面他的根据在于西周诗、书、礼、乐的教化，一方面在于人群集体生活中的真实。因此，董仲舒这句话的意义实在是我国传统思想中对于义、利问题所持态度的代表。他上有所承，下有所启。在这一问题上宋、明理学传统就是他的直接继承人。

当然，对这种思想自先秦时代就有反对者，那就是法家和墨家尚功用的哲学。不过，大体上来说，自汉代以后至清末，董仲舒这句话都是为我国思想界或整个社会所接受的。

近代西洋功利主义与实用主义的哲学传入我国，董仲舒这两句话所代表的我国传统思想始遭到极严酷的挑战。然而，它所接受到的非难，都是因对它的误解与曲解而起的。

富国裕民当然是需要"利"的，董仲舒、荀子、孟子、孔子与西周的国家建设人何尝反对过？他们反对的是以功利为目的的唯功利主义。因为，那足以使人因功利而抹杀其他一切属于人格价值的东西。功利，不能当作一个原则来看，只能当作一种实现这原则的手段看。原则是第一序列的，手段是第二序列的。这第一序列的原则，就是人之所以为人的常道，所以说"正其谊不谋其利，明其道不计其功"。

所以，一个人只要找到自己的"应该"，顺着这"应该"以为其人以处其事，故曰："君子。"假定不这样做，只是计功谋利，唯利是图，完全失去人之所以为人的"应该"，就是"小人"了。

诗曰："礼义之不愆，何恤人之言兮！"此之谓也。

这句话不见于《诗经》，古时叫作"逸诗"。

"何恤人之言兮。"语义非常简单，就是"为什么怕别人讲呢"。但是，在这简单的语义背后却隐蔽着一个非常重要的问题，那就是这个"何恤人之言兮"的"凭借"究竟是什么？当然不管凭借什么都表示能讲这句话的人，他的"气"是很壮盛的。问题的核心是这"气"究竟怎样才壮盛起来。

这问题的答案有两个：

一、以气壮气，也可说是以气生气。平常有句话说"笑骂任汝笑骂，好官我自为之"，就是说的这个。他做官只管贪他的污，无论别人怎么骂他他都不怕。还有一种人"恼羞"可以"成怒"，这种人就是自己做人做事不安于心，便以怒气而发之于外，也就是孟子所说的"不得于心，勿求于气"。所以，我们常在社会上看到一些人，他的理愈不直，他的气就愈壮盛。通常这种人常自诩为"个性强"，其实是最没个性的。

二、以理壮气，也可说是以理生气。平常说"理直气壮"便是这个意思。孟子说："自反而缩，虽千万人吾往矣；自反而不缩，虽褐宽博，吾不惴焉？"当自己经过反省认为自己理不直时，气自然就不壮，面对一个最无权势的人也会发抖。那不是面对一个无权势的人发抖，而是面对真理发抖。但当一个人经过自我反省认为自己理直的时候，气自然就壮了起来，也就"虽千万人吾往矣"了。这就是荀子的用意所在。

"礼义之不愆"，才可以"何恤人之言兮"。否则，凭什么不恤别人的议论呢？

> 楚王后车千乘，非知也；君子啜菽饮水，非愚也。是节然也。

一般来说，一个人一生的贫贱、富贵都是由才学来决定的。其实，并不尽然。列国君主，入则锦衣玉食，出则后车千乘；颜回穷居陋巷，一箪食，一瓢饮，糟糠不厌。这是因为列国君主比颜回才学高，颜回比列国君主才学低吗？当然不是。

再如，英国查尔斯王子与戴安娜结婚，婚礼是何等荣耀，全世界的报纸又是何等大事渲染！而一般男女结婚时何以无人理睬？难道他们的才学就比一般男女高吗？他们的爱情就比一般男女高尚吗？当然也不是！

这当中有一个原因。

荀子把这个原因归结到一个"节"字上。

这一个"节"字，若仅就训诂学的立场来说，是很难解释的。但是，如果我们稍把心思放开一点，借个"接"字来帮忙，问题就很容易解决了。"接"，就是人与人之间的"交接"，又称"接遇"。人一生下来就同其他人交接在一起，无一人可免。这种交接的内容有直接的，也有间接的，无穷无尽，错综复杂，我们每个人都可以从自己的亲身生活中反省出来，并非玄谈。这个交接的内容虽极复杂，但大致说来，可分两类：一是纵的，一是横的。纵横交叉，便形成我们生活的交接网。这个网，涵盖天地，经纬古今，任何人都逃不出它。

从纵的方面看，这交接就是由父母垂直降落到我们身上的人际关系。当然，这里所谓的父母并不仅指两个人，还包括父母所代表的纵的交接关系，那已经是无穷无尽的复杂了。

从横的方面看，这交接就是由夫妻、朋友、兄弟平列而达到我们身上的。朋友有直接的与间接的，当然可以无穷无尽。夫妻虽只是两个人，可是这两人都背负着一个纵横无穷无尽的交接关系。兄弟之间也是一样。

这种纵横的交接，看起来完全是偶然的，只是凭"机会"而生起的，所以又称"机遇"。在佛家就叫作"缘"。可是，这种凭"机"而"遇"的交接，有时想起来，也并不全是偶然的，好像在看不到想不到的所谓"冥冥之中"自有一个安排似的。既如此，它就又成必然的了。所以，这偶然的交接实在也是一个内在于我们生命中的必然，是我们的"分"。所以，通常我们是"缘分"一起来说。但是，不管是必然的"分"或偶然的"缘"，都是我们所不能控制的。这是我们平常所说的"命"或"命运"。人生的一切都是由这种垂直和平列的命运规定着的。谁在规定我们的命运呢？谁也不知道，也根本不能知道。所以，我们常把这命运的规定者名之曰 "神"或"天"。这完全是宗教、迷信的意义。所以，我们在前面说荀子在这里把他的题目分歧出来了。宗教、迷信的"天"原是荀子极力反对的。

楚王后车千乘，不是由他的才学决定的；君子啜菽饮水，不是由他的才学决定的。再说英国查尔斯王子和戴安娜那光彩荣耀的婚礼，也不是由他们的才学或他们的爱情神圣决定的。不过，就查尔斯王子来说，决定他这次婚礼光彩荣耀的乃是他的垂直命运；就戴安娜来说，决定她这婚礼光彩荣耀的乃是她的水平命运。

不管是垂直的命运还是水平的命运，从宗教、迷信的立场来说，是"天"定的；依荀子的立场来说，也是"天"定的。这样，我们不是一切都服从"天"定就可以了吗？只需"听天由命"便行了吗？

不行！

如果"可以"，如果"行"，人根本就不能称其为人，也便与禽兽无异了。这就是定命论哲学的根本弱点，也可说是其根本难通之所在。

想在命运之外肯定"人"存在价值的努力，在整个人类历史上有两种形态。

一是古希腊式的，表现在那向自己既定命运挑战的英雄身上。他们的奋斗过程表现了人类意志能力的高贵。不过，这种方式注定是要归于悲剧的。

一是我国传统思想儒、释、道的方式。这三种思想，在面对这一问题的时候，虽不免小异却无碍大同。他们都不把"天""命运"当作奋斗、克服的对象。他们的基本态度是，天归天，人归人；命运归命运，自我归自我。他们只依其固有德性尽其自我，所以不见精彩，也无所谓悲剧。他们这"尽其自我"就是他们的高贵，但正因为他们的高贵中没有精彩，所以我们常看不见他们的高贵。因此，他们这种方式在现在常被人忽略、淡忘，甚至引为笑柄。

下面让我们看看荀子应对这个问题的方式。

> 若夫志意修，德行厚，知虑明。生于今而志乎古，则是其在我者也。

孔子说："生死有命，富贵在天。"就是说人生中的贫富、穷通，甚至生命的夭寿都是不由我们自己主宰而由天命注定的。那么，在我们的人生当中有没有由我们自己主宰决定而"天命"完全管不了的事情呢？有的。那就是我们完美人格之建立。完美人格之建立这句话，是笼统的说法。确切地说，那便是道德的智慧与智慧的道德那种人格的建立。在这里，孔、孟、荀全无分别。这便是荀子"志意修、德行厚、知虑明"三句话的确定解释。

"生于今而志乎古"，这句话在今天是十分讨厌的。不过，我们应知道，荀子这句话不是像"志意修、德行厚，知虑明"一样在叙述一个普遍的原则，而是当一个"机"而发的。当什么"机"？当战国之世"争地以战，杀人盈野；争城以战，杀人盈城"，士子无耻，专事苟偷，逢迎诸侯，唯利是图的"今"之"机"。志于"古"，乃是志于理想中的西周之世人人以礼乐自持、自修、自立、自成之"古"。明乎此，我们对荀子这句话还是少讨厌一点儿好。

当然，荀子这里完美人格之建立只是从"我"处说的。这个"我"其实就是我们平常所说的"小我"，他并没有讲到"大我"的事。一个人光是建立自己完美的小我人格并不能算是真正地完美。"己欲立而立人，己欲达而达人。"荀子传承了孔子思想"外王"的客观精神，何能置"大我"于不顾，只注意"小我"的完美。实则，"大我"完美的问题，他只是没有说出来而已。他可以不说出来，但是我们不可以不读出来。

既然，完美人格之建立是完全由"我"，分毫不由"天"的事，那我们就应该在这方面尽其在"我"；既然富贵、生死是由"天"的事，分毫不在"我"，那就交给"天"，"我"完全不管就算了。可是，偏偏有许多人，放着"我"自己能做主的事而不自"我"做主，却把自己的心力用在自己完全做不得主而由"天"做主的事情上。这便是荀子前面所说的不知"天人之分"了。正因为如此，芸芸众生，品类便有不同。大体来说，可有君子、小人二者。

　　故君子敬其在己者，而不慕其在天者；小人错其在己者，而慕其在天者。

　　"敬"，就是《论语》"敬事而信"的"敬"，是慎重从事，不苟且、不马虎的意思。"错"，当"措"讲，是搁置起来，不闻不问，不加注意的意思。"慕"者，想也，在这里特别指妄想而言。"君子敬其在己者，而不慕其在天者。"前者已有解释，这里我们就不要再费笔墨了。至于"小人错其在己者，而慕其在天者"，一个最典型的例证就是"守株待兔"的故事。

　　这故事出于《韩非子》。大意是说，宋国有一位农夫，每天都很勤奋地做自己的农事。可是，有一天当他感到工作疲累坐在树下休息时，突然从草堆中跑出来一只兔子，撞在树桩上撞死了，他便拿回去煮了吃。后来，他就每天守在那树下等兔子，田也不耕了。时间久了，兔子未等到，田也荒芜了。

　　他不知道"耕田"是他的本分，乃是他的"在己者"；兔子之来，不是他的"在己者"，乃是他的"在天者"。放着自己应该耕的田不耕作，却成天守着那株树等待兔子跑出来，便是"错其在己者，而慕其在天者"。这样当然不是一个人应该采取的做事方针，所以荀子名之曰"小人"。小人，就是没有尽到人应尽到的本分之人。反之，君子自然就是尽了人之本分的人了。

　　　君子敬其己者，而不慕其在天者，是以日进也；小人错其在己者，而慕其在天者，是以日退也。

　　"日进"，就是日进于有成，日进于有功。"日退"，就是日退于无成，日退于无功。这个守株待兔的故事，不是说得很清楚了吗？推而论之，一个人在进德修业建立自己道德的智慧与智慧的道德之完美人格这件事情上也是如此。好好努力，"真积力久则入",一定可以有成。否则,自己不好好努力于自己的本分,只一天天妄想空等自己完全不能控制的机会之到来,最后一定也是一事无成的。

这是荀子"明于天人之分"的另一说明。

> 故君子之所以日进,与小人之所以日进,一也。君子、小人之所以相悬者,在此耳。

"一也"在平常多指"道理"是一样的,在这里乃指"方式"是一样的。就是说,不管君子也好,小人也好,他们在形式上都"一样"有所想慕与有所舍弃。不过在实质上,君子所想慕的是自己能主宰的春耕、夏耘、秋收、冬藏,是自己能主宰的完美人格之建立,所舍弃的是自己不能主宰的机会之到来;小人所想慕的是自己不能主宰的机会之到来,所舍弃的是自己能主宰的春耕、夏耘、秋收、冬藏,自己能主宰的完美人格之建立。君子、小人之分别,其实就在这个地方。"悬",就是分别。

> 星坠木鸣,国人皆恐。曰:"是何也?"

荀子在这里又开始了一个新题目。这个新题目其实也就是《天论》篇原来的题目。

有时,天空中有流星,或有陨石落下来,有时,树洞中发出很怪的声音。在以前,大家都以为是鬼怪作祟或天神发怒,自然便会恐慌起来。大家都在问:"这是什么缘故呢?"因为这是一个引起公众关心的问题。但在荀子看来,这并没有什么了不起。

它像刮风下雨一样，也不过是一种自然现象而已，只是这种自然现象不常见而已。

在荀子看来，自然现象有常态、变态。常态常见，变态少见。因其少见，自然就使人感到奇怪了。所以，荀子以为，我们可以对这种变态的自然现象感到奇怪，因一切少见的东西都可引人感到奇怪，但是，如果因此便疑神疑鬼，那就很没有必要了。

　　曰："无何也！是天地之变，阴阳之化，物之罕至者也。怪之，可也；而畏之，非也。"

常见的自然现象是自然现象，不常见的自然现象也是自然现象。凡是自然现象都是属于自然界的，与人文世界没有关系的。常见的自然现象，我们已习以为常，既不可怪，也不可怕；不常见的自然现象，常常是我们所不习惯的，故既使我们怪，也使我们怕，认为那是一种可怕的妖事。在荀子看来，"怪"是应该的，"畏"就不必了。

"无何也"，就是白话文中的"没有什么"。"天地之变，阴阳之化"，即是"自然现象的变化"。天地，阴阳，都是所谓的自然。变也就是化。这是一个意思，而用两个句子说出来。这是古书中常常有的句法。如果我们把它们当作两个句子，两个意思来读，就会越读越不通了。

　　夫日月之有蚀，风雨之不时，怪星之党见，是无世而不常有之。

在不常见的自然现象中，像日食、月食、不该下雨时下的雨、不该刮风时刮的风、怪星的出现，无论在哪个时代都是常有的，只是比较少见而已。

"不时"，即不定时，引申说来，就是不应该的意思。"怪星"，很可能是指彗星而言。彗星很不常见。古时，人们认为天上彗星出现，就表示人间要有战争，而且是大的战争。

"党见"的"党"，古人的解释，依个人看来，都很难合适地放在荀子本文之中，那我们不管它也就是了。古书中确有许多字是不能用今天的语言解释出来的。如果我们非要求得一个绝对妥当的解释不可，就太死心眼儿了。读书，哪能把每一个字都弄得清清楚楚呢？

　　　上明而政平，则是虽并世起，无伤也；上暗而政险，则是虽无一至者，无益也。

"上"，即指政府，尤指国君。"是"，在文言文中多用作代名词，即"那些事情"。"那些事情"，在这里当然代表日食、月食、彗星等的出现。古时以三十年为一世，"起"是发生。"并世起"，就是说三十年之间发生很多次。

不常见的自然现象既然不过是自然现象，与人间社会的一切毫无关系。那么，我们只把它当作不常见的自然现象也就算了。

如果我们把这些不常见的自然现象只当作自然现象，那么只要我们把自己应该做的事做好，君主圣明，政治和平，即使这些不常见自然现象一世之中有两三次出现，对我们的生活也是没有妨害的。反过来说，如果君主昏庸，政治险诈，即使这些不常见的自然现象一次也未发生，对我们的生活也没什么好处。

人间社会中的"福"，是"人"自己谋求而来的；人间社会的"祸"，也是"人"自己招致而来的。可是，如果我们再进一步想，并不是每一个人都对人间社会的祸福具有同等大小的影响力。那些社会地位愈高、社会权柄愈大的人影响力就愈大。这是一个古今中外皆然而不可争议的事实。所以荀子就特别强调这一点。故曰："上明而政平，则是虽并世起，无伤也；上暗而政险，则是虽无一至者，无益也。"

在这里我们必须把发生在我国思想史上，且影响我国历史之发展至巨的一个问题加以厘清。

那就是西汉儒者所谓的"灾""异"问题。

"灾"就是天灾，如水灾、旱灾、虫灾、地震等。"异"，就是自然界的异常现象，如日食、月食、流星、陨石、动物与人类的怪胎等等。这些，在荀子看来，尤其依我们现代人看来，都不过是"天地之变，阴阳之化，物之罕至者也。怪之，可也；而畏之，非也"的罕见自然现象而已。而且，在现代人看来，根本不值得"怪"，自然也就不值得"畏"了。

可是，西汉的儒者们都把它们解释为上天对人间社会的惩罚或警告。惩罚，是加在普通人民身上的；警告，则是警告皇帝的。而且，他们把这惩罚与警告连在一起，说上天之所以要把这些灾难加到普通人民身上，并不是因为人民做了什么罪恶之事，而是因为皇帝做了罪恶之事，皇帝必须为无辜人民所受的那些来自上天的"灾"难负责。至于那些构不成灾难的"异"常现象，他们自可解释为那是直接警告皇帝，"这只是给你一点颜色看看，你再不好好做，就有灾难来了"。

这种解释，当然是极其荒谬的。

他们为什么要做这样的荒谬解释？

他们太愚蠢了吗？

不是。他们不一定比我们现代人聪明，也不一定比我们现代人不愚蠢。

他们疯了吗？

也不是。他们也像我们一样是正常人。

他们太迂腐了吗？

更不是。他们比我们现代人实际多了，他们并不迂腐。

说起来，我们现代人在很多很多地方都比古人聪明，只有一个地方不比古人聪明，那就是我们现代人知道自己比古人聪明。

汉高祖以平民起家，身登九五之尊，做了君临四海的大皇帝。在现在就是很不平常的了，在那个时代更是不平常。所以，汉自高祖以来的皇帝们都认为他们是"承天景命"应当做皇帝的，天下与天下万民都是他们的私产，他们爱怎么支配便怎么支配。

这还了得！

于是汉代的儒者们便想出许多办法来抵制或抵消他们这种可以为所欲为的"当然"感。间接告诉他们，他们并没有这种他们自己以为天生具有的"当然支配"权。其中之一便是"灾异"之说。

试想天下之大，哪里不会出件怪异的事情呢？哪年不会发生些大小天灾呢？即使完全没有，以那时交通的不便，民智的不开，捏造几件也是可以的。这样，只要在这普天之下，无论哪个地方发生了些什么"灾"，哪个地方发生了些什么"异"，儒生便可指着皇帝的鼻子说："一定是你做错了什么事情，上天才降下这些灾异的！"这样，皇帝便不能不检讨一下自己的行为。如果他们检讨的结果是"我并没有做任何一件坏事情"。这时，儒生们又可说："那一定是你心中想做坏事未做出来罢了！你应该好好反省一下。"再试想，孔子到七十岁才说："从心所欲，不逾矩。"一个人心中所思所想哪能处处都合义理？这样，皇帝反省的结果一定是："这些儒生真聪明，我确有些不正当的想法，所以上天才警告我。"

这样，一个必然的结果便是，汉代那些皇帝无时无刻不在检讨自己的行事，反省自己的思想。真的是，"战战兢兢，如临深渊，如履薄冰"，所以，两汉无暴君。如果我们读汉书时稍微注意一下就会发现，在西汉那些皇帝的诏书之中的确是充满了"戒慎恐惧"之言辞的。

这种灾异之说一直影响到清代末年。

这样，受到福分的不是别人，正是普天之下的人民。

现在，科学已证明灾异之说是完全荒谬的，不能再用了。那么，人民用什么方法限制他们呢？这个答案自然就是法律，尤其是宪法。以前的君主制是无法而有"天"，现代国家是无天而有"法"。

> 夫星之坠、木之鸣，是天地之变，阴阳之化，物之罕至者也。怪之，可也；而畏之，非也。

重复言之，可见荀子对此义之重视。

星坠木鸣，常人以为是可怕的妖事，而荀子则以为是自然变化中少见的自然现象而已，并不是妖事。那么宇宙间有没有"妖事"呢？有又在哪里？是什么？

物之已至者，人妖则可畏也。

宇宙万物，都有它发展中的"常"，也有它发展中的"变"。常，即平常我们所谓的正常；变，即平常我们所谓的不正常。人是宇宙万物之一，自然也有其发展中的正常与不正常。宇宙万物之中的任何一物，唯有得到它的正常发展，才能成为一物。否则，得不到正常的发展，就是荀子这里所谓的"妖"了。"妖"，在我们一般的迷信中是能祸患人的。不过，在荀子看来，万物不正常发展的"妖"，不管它是如何不平常，毕竟也是自然的发展，它并没有祸患人的能力。真正能祸患人的不是其他万物之妖，乃是"人妖"。

什么是人妖呢？

我们可以从两方面来了解。

从自然生命的发展来说，人像其他万物一样，也可有些不正常的发展，如连体婴儿、双头婴儿、阴阳人等等。这在古时候可以说是"妖"了。但这种"妖"只是自然生命的不正常发展，像其他万物的不正常发展一样，并不能祸患人。

依荀子之意，能祸患人的"人妖"乃是违背人之所以为人的道理、不守人之所以为人职责的非人之"人"。

楛耕伤稼，耘耨失薉，政险失民。田薉稼恶，籴贵民饥，道路有死人。夫是之谓人妖。

草率地耕种会伤害庄稼，草率地锄草不会有收成，政治险恶会失掉民心。田里全是荒草，庄稼收成不好，食物昂贵，人民不得其食而饥馁至死，饿殍到处。这就是一种人妖。

> 政令不明，举错不时，本事不理。夫是之谓人妖。

国家政令不明，随便在非农闲的时候大兴工役，使老百姓不能做好为国家社会之根本的农桑耕织之事。这也是一种人妖。

> 礼义不修，内外无别，男女淫乱，则父子相疑，上下乖离，寇难并至。夫是之谓人妖。

在集体生活的社会中，没有礼义作为生活的共同准则，那么社会除了一个"乱"字是再也没有别的了。在社会生活中最容易发生的乱，而且影响最大的乱，就是男女之间的淫乱。男女之所以淫乱，就因在人群共同生活中男女无别。"内外无别"，就是男女无别。而男女之所以无别，又因礼义不修。

男女淫乱的恶劣影响，可以在人间至亲的父子关系中撒下互不信任的种子，破坏整个家庭生活的秩序与和谐。进而言之，由家庭至社会，它也可以直接造成社会生活的秩序与和谐的破灭，这就是所谓的"上下乖离"。男女淫乱，使人不像人；父子相疑，使家庭不像家庭；上下乖离，使社会不像社会。一个国家，每一个人都不像人，每一个家庭都不像家庭，整个社会也就自然不像社会。正如荀子所说"肉腐出虫，鱼枯生蠹，怠慢忘身，祸灾乃作"，结果必然是"寇难并至"。这样，自然天下大乱，万民祸患。

> 妖是生于乱。

"是"，就是"事"。妖事生于乱。乱，就是反常的发展。人的自然生命有自然生命的正常发展方式，人文、社会、文化生活也各自有其正常发展的方式。在其正常之谓"吉"，离其正常之谓"凶"。故老子曰："夫物芸芸，各归其根；归根曰静，静曰复命；复命曰常，知常曰明；不知常，妄作凶。"

　　　三者错，无安国。

"错"，或解作发生、出现，或解作交互出现，都是一样的。只要这三种妖事出现，国家一定是不能安定的。国家不安，人民自然祸患无穷。

　　　其说甚尔，其灾甚惨。

"说"，就是道理。"尔"，同"迩"，就是浅近的意思。这句话意思就是说，这些道理是非常浅显易懂的，但是如果人们不听信，则形成的灾难就是最惨的。

为什么呢？

因为，这里所谓的浅显，并不是像演算数学中一加一等于二那样简易的浅显，而是说这道理乃是人之所以为人的根本的道理。这里出了问题，就是在人之所以为人的地方出了问题。在人之所以为人的地方出了问题，就形成人之所以为人的灾难。"天作孽，犹可违；自作孽，不可活"，所以"其灾甚惨"。

　　　勉力不时，则牛马相生，六畜作妖。可怪也，不可畏也。

　　这是说，凡自然生命因受不正常外力影响而产生的不正常发展的"妖"，可怪而不可畏，因为它不能祸患人。如果用力过度，牛也会生马，马也许会生牛。如此"牛马相生"之妖，只是自然生命的反常发展，不能祸患人的。如以今日的情形而论之，人因服用药物不当，也可能产生千奇百怪的畸形胎儿，也是可怪而不可畏的，因它不能祸患人。

　　　　传曰："万物之怪，书不说。"

　　古人常用"传曰"二字来说明一种直接的引述。究竟他从哪里引来的，有些我们可从现存的古书中查寻出来，有些我们根本无从查寻。荀子这句"传曰"就是我们无从查寻的。

　　"书"，就是记载。"说"，有称述、传述的意思。整句话的意思，就是有关宇宙万物的那些奇怪的记载，我们不应当去述说它。

　　　　无用之辩，不急之察，弃而不治。

　　战国之世，百家争鸣，有些虽有所偏，但在某些方面有利于国计民生，人心世道，也确有些是"无用之辩，不急之察"，而且，不仅无用、不急，在荀子看来，还是有毒有害的。当然，这有用、无用之间的标准说起来也是很难断定的。如果辩论起来，人人皆可言之成理，持之有故，便没有一个客观的公是公非了。如此，荀子这句话本身也就没有意义了。以荀子之智慧，他当然不会使自己的议论陷入一种无意义的泥淖中。荀子在说这句话的时候，他有一个客观的原则为其思理支柱。

　　若夫君臣之义，父子之亲，夫妇之别，则日切磋而不舍也。

　　先秦时代，有所谓诸子百家之学。近代的学问就更多了，所以我们常称这是一个知识爆炸的时代。试看每一所大学之中都有很多很多的系，每系之中也不只有一门学问。不管是在大学门外，还在大学门内，一眼望去，面对那么多种的学问，实在使人眼花缭乱。其实，这是没有必要的。所谓学问，从其根本性质上，可以分为两种。一是以外在世界的事物为研究对象，可使研究者成为一个专家的学问。这种学问的本质是技术性的。另外一种则是以探究人本身的"应该"为目的，使人成为"人"的学问。这种学问的本质不是技术的而是生命的或人生的。技术性的学问，人人都可看到它的重要性；人生的学问，相形之下，它的重要性就不太容易被人认识到了。不过，无论它的重要性能不能被现代人所认同，它的重要性总是丝毫不受其影响的。正如盲人看不见太阳，故意钻在地窖中的人也看不见太阳，但是太阳却依然如故地在天上照耀着。全世界的人都是盲人，全世界的人都钻在地窖中，都看不见它，它在那里照耀着；全世界的盲人都复明了，全世界的人都从地窖中钻了出来，它还是在那里照耀着。

　　讲求人生"应该"的学问，通常都称为"人文学"，主要指历史、文学和哲学，不包括科学。现在人喜欢用科学研究的方法来处理历史、文学和哲学的问题，而总称这些学问为人文科学，是很不相应的。

　　就人文学的立场来说，历史与文学乃是哲学的外围。哲学大致可分两类。就一般现象加以解释或厘清的哲学，为第二序列的哲学，对宇宙人生之最后真实加以讨论的称第一序列的哲学，即终极探讨的哲学。

就第一序列讨论宇宙人生最后真实的哲学来说，在人类历史发展过程中大致可分三系或曰三种方式。它们的共同目的都是要求一个完美的人生，也就是一个"应该"的人生，但方式却各自不同。

三种方式中，分别包括希伯来方式和传统的印度方式两种。这两种方式我们可以放下不谈，仅就第三种方式——儒家的方式进行述解。

儒家的方式是既肯定"天"，也肯定"人"，"天命"与"人性"是一物之二面；既肯定"死后"，也肯定"生前"，"死后"与"生前"是生命之一贯；既肯定"心灵"，也肯定"社会"，"心灵"与"社会"是道德价值之一体。依亚里士多德的说法，人既是理性的存在，又是社会的存在。人的社会性如何可以一笔抹杀？心灵、理性的价值不在社会中实现在哪里实现？"来生"何如"今生"？"死后"何如"生前"？因此，依儒家之教义，人的"完美"，既是心灵的，也是社会的。所以，儒家除善讲心灵完美外，也善讲社会生活"五伦"之完美。

五伦，即所谓父子有亲，君臣有义，夫妇有别，长幼有序，朋友有信。《尚书》时代的中国人已经注意到了，儒家只是重新肯定而已。五伦，说起来是"五"伦，其实，只有三类。

一、家庭关系，以血统关系为基准。纵的方面是父子，横的方面是兄弟。当然，不管是纵的还是横的，都有直接的和间接的之分。这样便形成了一个原则上可以是无限的关系网。这种关系，正因其以血统为基准，故曰"亲"。父子是亲，兄弟也是"亲"；祖孙是"亲",堂兄弟也是"亲"。亲、疏自然有别,原则并无二致。

二、社会关系,以道义关系为基准。纵的方面是君臣,横的方面是朋友。不管是纵的或横的,也还有直接与间接之分。这样,便形成了一个原则上可以是无限的关系网。其根据不是血统原则而是道义原则,所以在社会关系中,乃以道义为准。道义,通常我们以一个"义"字为代表。

三、夫妇关系或男女关系,应以"情"为基准,但古人只说一个"别"字。古人不说"情",但"情"未尝不在。这以"情"为基准的两性关系,在未定"情"之前也可能是一个潜能性的无限,但在定"情"之后,便只应是一个二人之间的有限。古人不讲"情"而讲"别",实具有二义:就已成为夫妇的男女而言,乃"别"其在家庭中与社会中所负的责任与义务;就未成为夫妇之男女而言,乃"别"其在交接中各自当守之分际界限。

依儒家所承受的中国传统而言,一个人如果能将这三种关系调整得好,便是无穷福乐,否则,便是无穷的痛苦。在这方面造成痛苦的原因,可从三方面来说:

一、这三种关系在个人生活中常生冲突。这种冲突有因环境之变动形成的,有因个人的愚蠢形成的。人只要陷入这冲突中便是无可解救。因为表面上是这三种关系的冲突,其实是个人人格发展与成长本身的冲突。人在这种冲突中,实在是只有"无语问青天"一句话可形容。中国式的悲剧,多是发生在这种冲突中的。

二、这三种关系,说起来很简单,其实每一种关系与每一种关系中的任何一个枝节,都是内容复杂且变化无穷的。无论在哪个交接处弄不好都会使整个的架构为之摧毁无余。所以,人在这复杂万端、变化无穷中生活,就必须随时注意以免生出差错。

三、在这三种关系中，最容易出毛病且足以摧毁一切的，便是非常规的男女关系。性欲是人生最基本的欲望，它可以说是人类自然生命的核心。性欲之满足与要求，自性欲本身来说，是无限的；用以满足性欲之对象，自性欲本身来说，也是无限的。如果顺着这无限性，任性欲自然发展下去，任何人都可以推想出一个"天下大乱"的结论来。

基于这种原因，儒家与为儒家所承继与开启的我国传统思想，都以调整这三种关系，也就是把这三种关系纳入一个理性的轨道中，为第一要务。近代人多对这种思想嗤之以鼻，认为这对人生之自然性是一种"限制"。殊不知，人生必须在这"限制"中才能得到"成全"。马路上十字路口不是就在"限制"人中"成全"人的吗？

这里需要随时注意留心。

明乎此，荀子"若夫君臣之义，父子之亲，夫妇之别，则日切磋而不舍也"便不应该被视为一种无谓的迂腐之言了！因，这里是人生之真实与应该。

"雩而雨，何也？"曰："无何也，犹不雩而雨也。"

"雩"，是古代因天旱而祈求神明降雨的祭祀。天旱了，人们便祈神求雨；人们祈神求雨，神就下了雨。这是什么道理呢？在荀子看来，这毫无道理。故曰："无何也。"天下雨，是自然现象，与人的"求"没有丝毫关系。求雨不求雨，是人的事；下雨不下雨是"天"的事。"天"是自然现象，自然现象并不由"人"的意志控制、影响。而且，天下雨也只是种自然现象，并没有一个有意志、有感情、有好恶、有是非人格的超自然现象的实体，如龙王爷、老天爷那样的"神"在控制、主宰。天上既没有这样的"神"存在，下雨不下雨既然只是一种自然现象，那么人因天旱而求雨便是一件毫无意义的事情。

可是，在天旱的季节中，有时人一求雨天便下了雨。这是什么道理呢？在荀子看来，这毫无道理，这只是凑巧而已。凑巧，即所谓偶然的，"求"雨与"得"雨之间，并没有一个必然性。所以，我们在土地庙常看到有一块红布上面写"有求必应"四个大字，那个"必"字是很"不必"的。它只代表主观一厢情愿的妄想，并没有客观的确定性。所以只是"迷信"。

日月食而救之，天旱而雩，卜筮然后决大事。

这些统统都是迷信。

非以为得求也，以文之也。

既然这些事都是迷信，为什么我们还要做呢？荀子认为这些都是历史累积下来的风俗习惯的"虚文"，用现在的话来说就是完全没有实质内容的纯形式工作。我们这样做，只是依照风俗习惯意思意思，不能认为真是我们怎样"求"天神便必然使我们怎样"得"。故曰："非以为得求也，以文之也。"

故君子以为文，百姓以为神。

　　"君子"，即所谓真能知这些事情都是没有实质内容的虚文的人。"百姓"，自然就是普通人。普通人认为这些事都是有天神在主宰着，所以凡事皆求神。君子只把它当作虚文故事而已。

　　　　以为文则吉，以为神则凶也。

　　把这些事都当作虚文来看待，一切求之于己，就"吉"。以为这些事都是由神决定，一切舍己而求天，就一定要"凶"了。

　　　　在天者，莫明于日月；在地者，莫明于水火；在物者，
　　莫明于珠玉；在人者，莫明于礼义。

　　我国有"天不生仲尼，万古如长夜"一语。其实，司马迁早就说过"圣人作而万物睹"。佛教有本经，题名就叫"大光明经"。这样，我们就很容易追问："孔子、释迦牟尼以前，人们都必须打灯笼做事吗？太阳到哪里去了？"
　　这些，显示一个问题。
　　光有两种：一是物理的，一是灵性的。
　　日月、水火、珠玉，所代表的光明，都是物理的；孔子、释迦牟尼所代表的光明都是灵性的。物理的光只能用物理的方式来感受，心灵的光只能用心灵的方式来感受。物理的光负责照亮物理的世界，心灵的光负责照亮心灵的世界。
　　无论佛教或我国的道家，都是把心灵世界局限于主体的自我之内，只有这里才是"属灵"的，人间社会的一切都不在心灵世界之内的。只有我国的儒家能够承认不仅主体的自我是心灵世界

的内容，客观的世界也是心灵世界的内容。"圣人作而万物睹"，即表示圣人的心灵之光不仅使个人主观自我世界中的是非、善恶分明，而且也照见客观的人间世界中的是非、善恶，使之分明。

礼义，以儒家的思想来说，就是心灵之光投射在人间社会中，在人与人之间的生活中构成人群共同遵守的规律。所以，用学术的语言来说，礼义就是由心灵之光客观化而成的人群社会生活秩序。所以，它是一种"光明"。

关于礼义之光明，我们当从两方面来了解：一是法律政治；一是生活教养。但不管是哪方面，它所负的责任都是有关人群集体生活的。它既照亮人群集体生活中的善恶、是非，所以它也使人群集体生活中的诸事物各自得到其应得的意义。所以，不仅"圣人作而万物睹"，而且"圣人作而万物成"。故曰："在人者，莫明于礼义。"

> 故日月不高，则光明不赫；水火不积，则辉润不博；珠玉不睹乎外，则王公不以为宝；礼义不加于国家，则功名不白。

"日月不高，则光明不赫；水火不积，则辉润不博；珠玉不睹乎外，则王公不以为宝"数句，都是为"礼义不加于国家，则功名不白"做陪衬的。

"白"，即清清楚楚，有真正成绩做出来的意思。"功"，即社会客观事业的建构。《大学》说："物有本末，事有终始。知所先后，则近道矣。"这本末、终始、先后，就是人间社会中诸事情的内在秩序。不仅人间世界的诸事物如此，自然界诸事物也都是各有其内在的秩序的。就人间世界诸事物内在的秩序来说，即所谓"礼义"。所以，不知礼义则不能在人间社会中成就事情。"名"，就是人间世界万物万事之名，荀子另有《正名》篇专门讨论这个问题。孔子也有"正名"的教训。"名"不能仅是一个"名"，必须要有"实"为其内容，否则即是空的。但是，我们要凭借什么"正名"呢？自然也是非"礼义"莫属了。故曰："礼义不加于国家，则功名不白。"因为"礼者，法之大分，类之纲纪也"。

> 人之命在天，国之命在礼。

在这里，荀子讲个体生命与由国家所代表的集体生命的不同。

个体生命服从自然原则。故"人之命在天"。"在天"，就是由自然原则来决定的。而国家所代表的集体生活之生命，如果也只是服从自然原则，那么人群就与鸟兽之群没有分别，便不能以"国家"言。国家之所以为国家，就在于它是一个由理性原则构成的生命体。所以，国家的生命，乃是一个理性的生命，与个人的自然生命绝不相同。理性生命，自然要服从理性原则，由理性原则来决定。如果，国家生命体真是根据理性原则构成，服从理性原则，这个国家便只有生没有灭，只有盛没有衰。反之，如果国家生命体不是由理性原则构成，不服从理性原则，则此集体生活必堕落而成为一种生物学的自然事件，由自然原则决定，国家就不能成为国家了。故曰"人之命在天，国之命在礼"。礼，就是理性原则的客观化条文。

> 君人者，隆礼尊贤而王，

国家的生命以理性原则成，不能由自然原则成；国家的生命只可以服从理性原则，不可以服从自然原则。但是，谁来决定国家究竟要服从什么原则呢？在古时自然就是国君了。不仅在古时是国君，即使在今天，无论什么样的国家，它的国家元首还是居于决定性地位的。

荀子在这里把君主分为不同的四类，自然在这些君主之下的国家也就有四种不同的命运了。

"隆礼"指做事，"尊贤"指用人。一个君主，处理政事以"礼"为首要原则，用人以"尊贤"为首要原则，就一定能"王"天下。"王"者，"旺"也，就是使一切欣欣向荣的意思。而这一切欣欣向荣的真正含义，乃是国家之内，政府、民间，人皆为真正的人，事皆为真正的事。而一个国家之内，人皆为真正的人，事皆为真正的事，即是天下大治。

重法爱民而霸。

法与礼，近似而不同。礼一定是由理性原则构成，法则不一定全由理性原则。商鞅的法不一定全是理性原则，管仲的制度也不一定全是理性原则的。但是，管仲、商鞅都可使其国"霸"。为什么？因为"有法胜于无法"。只要有个客观的法，不管它理性不理性，人民便有所遵循；人民有所遵循，便可成就一时之事业。

"爱民"，意思是以爱民为目的而爱民。这用佛家名词来说就是"有为法"了，"有为"就表示有一个"故意"在那里；有一个"故意"在那里，便不是出于"自然"。前面讲"王"者，只说"隆礼尊贤"，不讲"爱民"。虽不讲"爱民"，因能"隆礼尊贤”就已经“爱民”了。这是“无为法”，是自然而然的。

王霸之别，就在这地方。

好利多诈而危。

孟子说：“上下交征利，而国危矣”，也是这个意思。因为，一个国君治理国家如果以“利”为原则，则必用诈。因为，利之所在，人人趋之；人人皆欲得利，必争；争，必用诈，不用诈则不能得。如果，一个国家上下皆以诈谋争利，其民心一定不能和谐；民心不能和谐，自然是不能安定的。

韩非、李斯，我们在前面已经讲过了，他们以反理性的原则为原则，乃是标准的“不仁”之道。

大天而思之，孰与物畜而制之？

天是“大”的，我们当然不能不承认。可是如果我们就因为天之“大”而成天去想它这“大”，那是永远想不完的。既然永远也想不完，那么我们为什么不把“天”当作自然物，好像养牛养鸟一样，供我们使用呢？牛、马是自然物，“天”何尝不是个自然物呢？

从天而颂之，孰与制天命而用之？

天当然是很大的，也是我们无从得知的；从人的立场上来说，天对人生活必需的准备，也可说是无微不至了。所以，宗教、迷信中都有天对人"恩赐"的说法。因此，宗教、迷信中的对天的歌颂与赞美也是无微不至的。这些，在荀子看来，也全是没有意义的。天只是个自然现象，它并非有意来恩赐我们，我们也无必要去歌颂它。与其我们浪费时间、精力去歌颂它，倒不如我们依"天行之常"好好做事来充实我们的生活呢？我们何不把"天行之常"当作充实我们生活的工具呢？

　　　望时而待之，孰与应时而使之？

　　一年四时，春、夏、秋、冬。春耕、夏耘、秋收、冬藏。每一个人都是乐于秋冬之收藏而苦于春夏之耕耘的。但是要有秋冬之收藏，必须有春夏之耕耘。只每天想秋天来时好收，冬天来时好藏，是没有用的；春天好好耕，夏天好好耘，才是最切实际的做法。故曰："望时而待之，孰与应时而使之？""应时而使之"，就是在春天好好耕，在夏天好好耘。

　　　因物而多之，孰与骋能而化之？

　　"多"，旧解都作繁衍生息的意思。万物皆可自然繁殖。但是，如果我们只等物之自然繁殖，不加以人为的努力使增加其繁殖，那么米、麦、鸡、鸭便都无法供给我们生活之所需。"骋能"，就是尽其能；"能"就是人之所能。"化"，就是化育繁殖的意思。全句的意思就是，我们与其等着稻、麦、鸡、鸭自然地繁殖生长，还不如我们好好努力播种、锄草、施肥、饲养，使之依其自然加倍地成长。

思物而物之，孰与理物而勿失之？

这句话是不太好解释。

依前人的注释，全句的意思应是，如一个人每天只想把万物拿来以为己有，何如善自调理万物使不失其宜呢？

依个人看来，这个解释是很不恰当的。可是我也没有一个更好的解释。

愿于物之所以生，孰与有物之所以成？

"物之所以生"，就是万物所以生的先天根据。荀子以为这些问题是不必我们费心考虑的。平常有所谓"先有蛋还是先有鸡"的辩论，就是一个标准的"物之所以生"的问题。试问，与其讨论这一个问题，倒不如我们只把鸡拿来当作鸡来处理，只把蛋拿来当作蛋来处理，该怎么煮就怎么煮，该怎么煎就怎么煎呢！

故错人而思天，则失万物之情。

"情"，实际，实情。"万物"，人类行为世界之万事，并非自然宇宙万物。"万物之情"，乃成之于人非成之于天。所以，放下"人"应该做的事而不做，一天到晚只想要"天"替自己去做。那就必像缘木求鱼一样，非尽失万物之情不可。从客观来说，是失万物之情；从主观来说，乃是不能有任何成绩可言，最后乃是一个"一事无成"。

　　百王之无变，足以为道贯。一废一起，应之以贯。

　　这里的"百王"，并不是指百王本身而说的，而是指百王之治道，亦指百王之"礼"而说的。而且，这"百王"是个泛称词，不是一个特称词；不仅指过去的先代圣王，同时也指未来的诸圣王。"礼"，在这里其实指政道与治道。

　　"礼"，有因时、因人、因地制宜，可以变革且应该变革的，也有在任何时间、任何地点、任何人那里皆不可变革的。不可变革的即所谓"无变"的礼。无变之礼，乃是第一序列的礼；可变之礼，乃是第二序列的礼。第二序列的礼，如典章、制度、法令、规章等等，都是随时随地可变革的。第一序列的礼，就是父子之亲（又曰亲亲）、君臣之义（又曰尊尊）、男女之别，乃在任何时间、任何地点、任何人那里都是不可改变的。因为，这是人之所以为人的根本。这里如果变革了那也就不成为人了。这也是一切政治、社会制度的根本，故曰："百王之无变，足以为道贯。"这里变革了也就不成政治社会了。所以第二序列的政治、社会制度之礼，无论怎么变革，总要以这第一序列的父子之亲、君臣之义、男女之别为根本。故曰："一废一起，应之以贯。"

　　孔子在《论语》中说："百世可知也。"就是在这第一序列的父子之亲、君臣之义、男女之别的"礼"上可知。在第二序列的政治、社会制度上的"礼"，他如何能知？他并不是个预言家。

　　理贯不乱。不知贯，不知应变。贯之大体未尝亡也。

　　不管为人、做事、为学、为政，都要把握第一序列的原则才能不乱。变是应该的，但不能以变应变，必须以不变来应变。如果在不变处不能把握清楚、把握结实，便不能应变。如果能在不变处把握清楚、把握结实，那么"万变不离其宗"，无论怎么变都是无所谓的。

譬如孝顺父母，孝心，爱父母便是这第一序列不变的原则。至于如何达成这孝心，那就需随时、随地、随人而变了。这方面全无一定。《论语》曾说："有事，弟子服其劳，有酒食，先生馔。曾是以为孝乎？"但是，如果父母血管硬化、高血压、心脏病，怎么办呢？自然要变一变了。这时，有酒食最好做儿女的先吃掉，留下素菜给父母吃；早晨，做子女的最好赖在床上不起，留下满园落叶给老爸老妈扫扫，舒展一下筋骨吧！

乱生其差，治尽其详。

"乱"，天下之乱；"治"，天下之治。"治尽其详"，即是说天下之治乃是因第二序列的礼能充分实现第一序的礼；第一序列的礼能如实地尽其作为第二序列之礼的"道贯"之职责。如果第一序列的礼不能尽其作为第二序列之"道贯"的职责，第二序列的礼不能充分实现第一序列之礼，就是所谓的"差"。这"差"便是天下大乱之源。

故道之所善，中则可从，畸则不可为，匿则大惑。

这里"道"即指国家治道而言。道之所善在于"中"。"中"即恰当之意，即是"治尽其详"之"详"，故曰："中则可从。""畸",即有偏差,即是第二序列的礼不能充分实现第一序列的礼。如此,便不足以治理天下。"匿",即隐而不见之意。前人有解为慝,作偏差讲便与上句重复了。匿,就是第二序列的礼完全不能实现第一序列的礼,或完全违背第一序列的礼,那就一定要"惑"了。这个"惑"不是一个人或一部分的"惑",而是整个国家、社会的"惑"。故曰:"大惑。"天下大惑,无不丧乱。

> 水行者表深,表不明则陷;治民者表道,表不明则乱。

"表",就是"标示"的"标",可作动词解,也可作名词解。

水行的人要看标示,一尺就是一尺,五尺就是五尺,十尺就是十尺。如果实际是十尺深的水,标尺上只显示出三尺的刻度,那么,一个人一见只有三尺深的水,便涉水而渡,自然就要陷入那实际上是十尺深的水中而遭灭顶之灾了。

治理天下国家也是如此。一切的法令、规章、制度必须要有客观之确定性,此即所谓"表明"。如果没有这客观的确定性,天下必定大乱。因为"国之命在礼",礼乱则国家乱。

> 礼者,表也。非礼,昏世也;昏世,大乱也。

社会人群生活,必须有共同遵守的原则,即所谓"表"。依荀子之意,这种共同生活的"表",就是"礼"。在人们的共同生活中如果没有一个共同生活的准则,那就是个漆黑一团的社会。这种社会不仅会乱,而且会大乱。大乱,即是从根本上乱起,原则上非乱不可。

　　　　故道无不明。外内异表，隐显有常，民陷乃去。

　　道就是上文的"道贯"。凡以第一序列之礼为根据、原则的
第二序列的法令、规章、制度，都没有不是详明的，故曰："道
无不明。"
　　"外内异表"，"外"指国家社会生活；"内"，指家庭生活。
国家、社会、家庭生活，都有其各自不同的规矩、制度而不相紊乱、
错杂。这里的"隐显"，当指君主而言。"隐"，即君主的思想、
用心；"显"，即君主之言行。若君主之用心、言行都有其常，
而不变幻、幽险，则人民的生活就有常规可循而免于陷溺。

　　　　万物为道一偏，一物为万物一偏，愚者为一物一偏。

　　这三句话，仅从文句的表面上看来，可说形式完全同一，了
无差别，其实完全不一样。其中最容易了解的便是这第二句"一
物为万物一偏"。这是部分与全体的关系之问题。任何一物都是
宇宙万物的一部分，这句话当然没有问题。如果，我们把这"全体"
加以限制也可以说："我的手是我的身体一部分。"那就是以"我
的身体"为"全体"了。这话当然也绝对正确。
　　"万物为道一偏"，就没有这么简单。因为，通常我们用
到"万物"这两个字时并不像胡适之先生尊奉为中国怀疑论圣
人的汉代王充那样，万物就意指不多不少正好一万个物，不是
九千九百九十九个也不是一万零一个，乃是宇宙自然物之整全。

"万"，就代表这个整全，不是数学上"1000×10＝10000"的10000。这一点，我们要弄清楚。

"万物"，就是"宇宙万物"的整全。这样，如果把"万物为道一偏"这句话完全依照"一物为万物一偏"这句话来理解，便完全不能通，完全不能理解。因为，"万物"既是宇宙万物之整全，它就不能再是任何东西的一部分；它一旦成了其他物的一部分，它便不能是宇宙万物之整全。所以，如果我们照这样的方式来解释这一句话，它便自相矛盾不能成立了。

那么，荀子说这句话的意义在哪里呢？

要相应而恰当地理解这句话，我们必须换一种思想方式，那就是对于"一偏"这两个字我们不能套在部分与全体的关系中。这是一个存在的事实与存在的理由之间的关系。存在的理由就是存在的"理"之根据。譬如，桌子有桌子存在的道理，茶杯有茶杯存在的道理。桌子与桌子之理之间的关系，茶杯与茶杯之理之间的关系，都不是部分与全体的关系，而是存在物与存在根据之间的关系。简单说来，这是个"事"与"理"之间的关系。凡一切存在"物"都是它存在根据的"理"的"一偏"。在这里"一偏"二字不能白话翻译为"一部分"。因为，文言文中这"一偏"不一定是一个以"量"论的"一部分"意义，而白话文中"一部分"就只能是以"量"论的"一部分"了。

如果我们能把这个道理弄清楚，"万物为道一偏"这句话便可理解了。"道"是"万物"之"理"的"根据"，所以"万物"必然是"道"的"一偏"。这句话，依希伯来教义的说法应该是"宇宙万物为上帝的一偏"。

"愚者为一物一偏"，从句义上来说也是不通的。"一物"

就是紧接着上句"一物为万物一偏"中的"一物"说的，乃是指宇宙万物中任何一物而言，并不特定是哪一物。"愚者"，荀子在这里是用来指称任何一个人，并不特指一个智能不足者。

假如这"愚者"就是我。我现在用手来写这文章。如果说我这只手是宇宙万物之一部分，可以；如果说"我"是我这只手的一部分，行吗？当然是不行的！事实上，我这手正好是"我"的一部分。再说，我现在是用这支笔在写文章。如果说这支笔是宇宙万物的一部分，可以；如果说"我"是这支笔的一部分，行吗？我固然不是这支笔的一部分，这支笔也不是我的一部分，正如太阳不是我的一部分，我也不是太阳的一部分一样。

那么这句话该怎样了解呢？

我们就必须从另外一个观点出发了。

这论点其实也很简单。

太阳、笔、我这只手，或者是宇宙万物中的任何一物，就其为"一物"来说，它们都只是"一物"而已。可是，在这任何一物身上都有极复杂的学问。太阳如此，笔如此，我这只手如此，宇宙万物中任何一物也如此。面对任何物身都具有的极其复杂学问，"我"能知多少呢？自然是很有限的了。不要说太阳和其他宇宙万物与这支笔了，我对我这只手的所知也是很有限的，"我是我这只手的一部分"是不通且荒谬的；"我对我这只手的所知，是我这只手上所有复杂学问的一部分"则是完全可以理解的。

这就是"愚者为一物一偏"的确定意义。

而自以为知道，无知也。

　　"万物为'道'一偏，一物为万物一偏，愚者为一偏"，每一个人对一物的认识，也只不过是一物身上学问的一部分罢了。一物上面还有万物，万物上面还有"道"。如果一个人只知一物之一部分，就认为自己已知了"道"，荀子给他的评语就是这三个字："无知也。"

　　说到这里，我们一定会以为荀子所讲"无知也"的"愚者"一定是些很没见识的普通人。其实不然，这些"愚者"是历史上鼎鼎大名的学问家！

　　　　慎子有见于后，无见于先；老子有见于诎，无见于信；墨子有见于齐，无见于畸；宋子有见于少，无见于多。有后而无先，则群众无门；有诎而无信，则贵贱不分；有齐而无畸，则政令不施，有少而无多，则群众不化。

　　原来荀子所谓的"愚者"，竟是这样的人物！

　　这一段可以说是荀子对这些人学问的批评。对于荀子这些批评我们当然也要加以疏解与批评。可是在我们疏解批评荀子这些批评的时候，有两点基本认识必须先加以说明。

　　一、荀子在批评这些人的时候，他的基本立场就是对集体生活调整之肯定；从心思上来说，他是以一种客观精神为凭借而说话的。如果我们不能认同荀子这基本立场和心灵凭借，则荀子这些话便多是不可解甚至也多是没意义的。

　　二、关于先秦诸子，我们现在确可以从教科书中看到某家有某些人，某人有某些与其他人不同的主张。这样，会给我们一种印象，就是某家、某人、某主张都是清清楚楚、有条不紊、各不相淆乱的。若如此，我们就是被写教科书的人蒙蔽愚弄了！先秦诸子在先秦并没有这么清楚。因此，一个很奇怪的事实就是，近代人写的先秦诸子容易读，先秦诸子写的先秦诸子就不大容易读。严格说来，先秦诸子在先秦就是不很清楚的，近代的人的"清楚"只是由近代人的"武断"与"盲目"构成的。

现在就让我们依次来检讨一下荀子论下列的先秦诸子。

一、"慎子有见于后，无见于先……有后而无先，则群众无门。"

慎子，就是慎到。慎到在有些教科书中是属于法家的。《庄子·天下》篇也曾说过他有不争先之意。究竟慎子这话当时怎么说的，我们现在无从查考。不过，我们可以根据老子的一句来了解。老子确曾明白地说过"不为天下先"这句话，但老子却未有为天下后的主张。老子讲"和其光，同其尘"，乃是在社会生活中不特别显现自己的意思。大概这也就算是老子的"后"了。因此，如果我们说荀子这里"慎子有见于后，无见于先"的"后"字乃是一个并不具有确定概念的泛称字，应该是没有问题的。

人们的集体生活，不能仅像牛群一样完全是生物性的蠢动，必须有一个方向。从社会生活上说，是文化方向；从政治生活上说，是政治方向。开启这个方向，并领导人群走向这方向的，必不是多数人而是少数人甚或一人。这少数人或一人必不是在人群之中或在人群之后，而是在人群之前的，在人群之"先"的。故曰："有后而无先，则群众无门。"

二、"老子有见于诎，无见于信……有诎无信，则贵贱不分。"

"诎"，同"屈"，即深藏不露的意思。"信"，就是"伸"字，用现在的话来说，即是客观实现的意思。老子有"大智若愚"一句话。

表面的意思是真正有大智慧的人是把他自己的大智深藏于心不表现在外的。所以又说："智慧出，有大伪。"这里"出"，就是"伸"的意思。老子反对人文世界中一切由人类智慧向外"伸""出"的构造。但是，我们再想一想，人间世界不同于物类世界的，就在这智慧"伸""出"的外在构造。这些构造固然有时不免限制人的自然与自由，但同时也增进了人类生活的内容，提高了人类的生命境界。

从原则上来说，每个心智正常的人都可在人间社会中做出与智慧大小成正比的客观贡献。贡献大的，即荀子这里所谓的"贵"，贡献小的，即所谓"贱"。人类社会贵贱有分乃是人类社会自然之必然，必然之自然。如果一定要深藏不露，强行刮平人类社会自然而必然当有的贵贱之分，乃适足以否定人间社会的"人间"本质。所以，贵贱不分是小事，人间是不是要成为真正"人间"的社会乃是大事。

三、"墨子有见于齐，无见于畸……有齐而无畸，则政令不施。"

"齐"，就是人类生命的普遍性；"畸"，就是人类生命的个体性。普遍性，就是近代人所盛言的"大我"；个体性，就是近代所讲的"小我"。近代人好讲"牺牲小我，完成大我"这句话。这与五月十二号护士节"燃烧自己，照亮别人"的口号，实为同一意义。这都是墨子之教的嫡传。

当然，在人人皆自私自利的时代，用这些话提醒大家往"大"处想想，确乎是十分应该的。但是这些话是不能"当真"的。如果"当真"，试问：每个"小我"都牺牲了，往哪里照亮一个"大我"去？每个"自己"都燃烧了，往哪里去照亮一个"别人"

去？这都是只见其"齐"、不见其"畸"的毛病。个体性如何否定？哪个人不是一个个体？如何可以随便牺牲？如何可以随便燃烧？

说到这里，我们便可知道合作社"人人为我，我为人人"那句话是很有见地的。因为它能代表一个真理。即，这真理就是在成就社会中，成就个人；在成就个人中，成就社会。人生的真正意义就在这样同时肯定普遍性也肯定个体性当中见得。在成就大我中成就小我，在成就小我中成就大我。大我、小我都是"我"，都该成就。同时，在照亮别人中照亮自己，在照亮自己中照亮别人。别人、自己都是"自己"，都该照亮不该燃烧。这就是典型的儒家成己成物之道。朱熹那句"统体一太极、物物一太极"那句玄谈，如能顺着这个理来理解，不仅我们觉得不玄而且字字亲切、实在、无疑、无妄。

否定个体性，只肯定普遍性，墨子的真意便是要破除人间社会的"差等"。这样，人间集体生活，从理上来说，不是上同于天成为"神"的，便是下同于物成为"禽兽"的，就是不能成为"人"的。"政令"，就是荀子所常言的礼法，乃是使人的生活真正成为"人"的生活的根本保证，既必要又充分。"政令不施"的初步意义是在"神"或"禽兽"的社会中礼法是根本派不上用场的；进一步的意义是"神"的社会是根本不可能实现的，本应该由礼法而成的"人"的人间社会便成了用不上礼法的"禽兽"世界。

四、"宋子有见于少，无见于多……有少而无多，则群众不化。"

在先秦诸子中，所谓"宋子"恐怕是一个最令人费解的人物。在先秦诸子的书中几乎都讲到过他，但除了都承认他姓"宋"其他全不一样。名字、生平不一样，思想观念也不一样。因此，在这里我们就依他这句话来论他，其他的我们不管也就是了。

这里所谓"多""少"，究竟指什么东西，我们是很难从荀子这篇《天论》中看到了的。但是，在荀子的其他篇中有说到宋子以人之情欲"寡"的话。所以，这"多""少"应该就是指情欲了。人的情欲是"少"还是"多"，大概并不是一个很难解决的问题。人的情欲确是"多"的，而且是多得无限的。但是，为什么有人像宋子这样一定说是少呢？就是因为人间社会的一切罪恶痛苦都是这多的情欲所制造出来的。既然，人间社会的罪恶痛苦都是由这多的情欲制造出来的，我们就使这"多"变为"少"，或根本不承认它是多，只承认它是少就可以了。前者是宗教家，尤其是苦行主义的宗教家的立场；后者就是宋子这种鸵鸟政策的立场。也许宋子兼有这两者的立场也说不定。

人的情欲既然多，你非要说它少是不行的，你把它压抑成少也是不行的。人既然有这种无限多的情欲，既不能故意不承认它，也不能故意压抑它，只能设法调整它，使它不至于泛滥。如此，消极的好处，在于使它造不成罪恶与痛苦；积极的好处，在于调整后的情欲乃可增进人类生活内容，提高人类生命境界。因为，情欲就是人自然生命力的直接作用，人间社会中的一切建构都是以生命力为成就因的。没有生命力，哪来人间社会中的诸多成就？因此，如果真把情欲压抑成"少"或只承认情欲为"少"，人间社会便只能成为一个死寂。佛家便是如此。故曰："有少无多，则群众不化。"

　　书曰："无有作好，遵王之道；无有作恶，遵王之路。"
此之谓也。

　　这是出于《尚书·洪范》中的几句话。

　　"作好"，就是"故意好"；"作恶"，就是"故意恶"。
在中国的传统思想中，除法家之外，都是极讨厌这个代表故意的
"作"字的。故意便是违背自然，违背自然便是不好。孔子说："吾
述而不作。"就是说："我只是顺着人之所以为人的自然之道叙
述一下而已，并没有故意造作。"在荀子看来，慎子、老子、墨子、
宋子都是违背自然在故意造作言语，因此都是不可取的。看似聪
明绝伦，其实是愚蠢透顶，故曰："愚者。"

　　这几句话，在近代比较容易引起误会的就是"遵王"二字。"我
为什么一定要遵从皇帝的话而不能有我自己的意见呢？这不是思
想言论不自由吗？"其实《尚书》此处之"王"，就是荀子所谓
的"圣王"，很像柏拉图的"哲学家皇帝"。他既是人间政治地
位的最高者，也是真理的最高代表者，我们又何必一定要违背他，
非自己故意造作一套不可呢？

第四章 《荀子》重要篇章大义简介

（一）《劝学》篇

　　《劝学》篇，顾名思义，是劝人向学的。不过荀子的《劝学》篇与其他人的"劝学"不一样，因为他有一定的理论基础在支持着，并不只是简单地劝人向学而已。荀子的理论基础就是他以为人不能生而为善，必待学而为善。君子、小人的差别不在先天的本质，而在后天的学习。所以他说："君子生非异也，善假于物也。""善假于物"，就是善于学习的意思。才能方面如此，德性方面更是如此。一个人必须凭着他后天的学习才能成就他的道德人格，而且道德人格的功用以"学"为凭借也必更加扩大。好像一个人的两条腿已经会走路了，如果骑了一辆脚踏车就一定会更快一点。

　　至于说到"学"的步骤，从修习先代文献方面来说，是要先读《诗》《书》，最后至读《礼》而成；从个人修养来说，是先为士、君子，最后成为圣人。以荀子看来，《诗》《书》只是先代的音乐歌词和政事的记录而已，而《礼》则是先代圣王治国平天下的根本所在。因为礼是"法之大分，类之纲纪也"，不仅是道德，而是"道德之极"。礼之所以为道德之极，是因为它既是为"士"的根据，是为"君子"的根据，更是为"圣人"的根据。有礼，即是人；无礼，即是禽兽。

　　最后说到为学的方式。以荀子之意，第一是在于"师法"，因此择师就是学者最基本的要事。所谓"君子居必择乡，游必就士，所以防邪僻而近中正也"。其次在于"积习"。依荀子之意，人不能自善，必须待积习而为善。这道理很简单，"不积跬步，无以至千里；不积小流，无以成江海"。学必由"积"而成。积成之后，便可无入而不自得。所以"积土成山，风雨兴焉；积水成渊，蛟龙生焉；积善成德，而神明自得，圣心备焉"。由此，就可见"积习"在荀子成德之学中的重要性了。这与孟子"反身而诚，乐莫大焉"的成德方式是截然不同的。

（二）《修身》篇

荀子这里的"修身"，大概可从两方面来理解：一是主观方面个人人格的调整；一是客观方面社会关系的调整。这两方面，其实是一个整体。个人人格不能离开社会关系而独存，社会关系也不能离开个人人格而具有真实的意义。这不仅是荀子的看法，也是我国传统的主流看法。儒家自孔子以来很中肯而相应地把握住了这个主流，其他各家就不免皆有所偏差了。荀子在这方面基本上与儒家的主流思想没有差别，差别只是究竟用什么方法来调整。

在荀子看来，不管个人人格或社会关系都是要以礼法来调整的。礼法，在荀子的学术中，是一个首出庶物的领导观念，无论什么题目都要以它为宗旨。这是我们在谈荀子的时候必须注意的。

在荀子的《修身》篇中有一个小题目值得想一下，就是关于人的气质的问题。人，从气质方面看来是很不同的。这种不同的气质可使人有各种不同方向、不同程度的发展。大致说来有好有坏。

好的方面，当然可以任其自由发展；坏的方面，就必须加以调整。这就是我们平常所说的"变化气质"。在荀子看来，人有九种气质是我们必须用不同的方式加以调整变化的。

一、血气刚强，则柔之以调和——一个人个性强，本来是一件好事。可是，如果只是一个"强"，便是有偏，偏便不好。必须加以"柔"化，使之"刚柔相济"，才能立身成事。"调和"当然是在"礼"的节制之中调和的。礼是一种节制，也是一种和谐。"礼之用，和为贵"便是这个意思。

二、知虑潜深，则一之以易良——"一之"的"一"，它应该是"平"字的意思。平，就是"平衡"。一个人知虑潜深本也是一件好事。但是过分潜深，便很容易流于阴险。阴险便不好了。这样的个性，就必须用"简易""善良"来平衡。

三、勇胆猛戾，则辅之以道顺——顺，就是训；道，就是训导。有些人生性猛烈、暴戾又胆大、暴勇，当然是不好的。对于这些人，"压抑"的方式是绝对不行的。那就必须要像大禹治理洪水一样，用顺着他本身性质的引导方式使之归于正道。故荀子曰"辅之"云云。

四、齐给便利，则节之以动止——"齐给便利"，是形容一个人反应快。"齐"就是"疾"，就是快的意思。"给"，有"急"的意思。"便利"就是随便在什么场合都能做对自己有利的反应。这些人，转眼就是见识，固然是很快。但是，他们的毛病一是容易轻举妄动，二是容易放弃原则。这当然就不好了。要调节这种性格，就需要使其稳重而有所肯定。"动"字可能是"重"字的误写。"止"，就是大学"知止而后有定"的"止"。

五、狭隘褊小，则廓之以广大——"狭隘褊小"，就是我们平常说的"小器"，也就是诸葛亮告蜀汉后主"不可妄自菲薄"的"自菲薄"。很多人把自己看得太一文不值，因此他的一生便真一文不值了。要治这种人的毛病，就是要"恢扩"他，使他自知天把他生在人世间交给他的责任是很大的，故不能小看自己。诸葛亮便是这样开导后主的。

六、卑湿重迟贪利，则抗之以高志——"重迟"一字是多出的赘文，"湿"，就是"隰"，就是现在所谓的低洼地带。低级的人一定贪利，贪利的人一定低级。要使这样的人气质有所变化，那就是要设法提高他的理想。故曰："抗之以高志。"

七、庸众驽散，则劫之以师友——严格说来，这些人并没有显明的坏处，只是庸俗、驽钝与散漫。正如荀子在《劝学》篇中所说："蓬生麻中，不扶而直；白沙在涅，与之俱黑。"只要有良师益友相扶持，他们可以在进德修业中得其成效。

八、怠慢僄弃，则照之以祸灾——僄同飘，轻浮的意思。怠慢，就是不负责任。言行轻浮而不负责任，是必然会招来祸灾的。所以古来圣贤都以庄敬、厚重教人。对于具有这样性格的人，积极地当然是教之以庄敬、厚重；消极地就是将这种必然的灾祸告诉他。照，就是昭，就是明白告诉他的意思。

九、愚款端悫，则合之以礼乐，通之以思索——这一种性格，在荀子心目中，是最好的。也可以说，只有这种性格才是好的。"愚"，绝不是今天我们通常所说"愚蠢"的"愚"。我们应通过《论语》"柴也愚，参也鲁"来理解。这里的"愚""鲁"两个字，都不是近代"愚蠢"和"鲁钝"的意思。柴，是高柴，《论语》有关他的记述很少。参，是曾参。《论语》中有关他的记载都显示他是一个很有责任感、稳健而厚实的人。这种人多是"刚、毅、木、讷"不多讲话的，故曰"鲁"，曰"愚"。"款"，就是真实。"端"，就是庄重。"悫"，就是忠谨。这应该是荀子最欣赏的一种性格，因为我们从荀子书中可以读到他本身就是这种性格的人。礼的真正意义，就是秩序；乐的真正意义，就是和谐。依荀子之意，人如果仅是性格美，便不是真正的美，因为这样的美只是气质的。这正如宋人所说的"天生一个好皮囊"而已。真正的人格之美是把这种气质之美放在礼乐教化的秩序与和谐之美中成就一种理性之美。这就是荀子所谓的"学"。但这样的人格之美，仍不是真正的人格之美。因为，那很可能只是一种外在的模仿。所以，必须还得"通之以思索"。"通之以思索"，就是荀子在《劝学》篇中所说"君子之学也，入乎耳，着乎心，布乎四体，形乎动静"中的"着乎心"。"着乎心"，就是在心上生根。礼乐教化中的秩序与和谐之美都在人心中生了根，那么这人的思想言行便不都"美"了吗？所以，荀子说："君子之学也，以美其身。"

（三）《不苟》篇

　　荀子在这篇一开头便说："君子行不贵苟难，说不贵苟察，名不贵苟传，唯其当之为贵。"这就是全篇宗旨。

　　"苟"，苟且，也就是不合正道的意思。"不苟"，当然就不苟且，不"不合正道"。正道，在荀子看来，不是别的，就是礼义。礼义，在现代，常被人理解为迂腐、顽固、限制人的意思，其实完全错了。它的真正意义，就是对个人与社会具有积极价值的贡献。

近代有些人专以创造世界纪录为目的，比如与毒蛇相处、自埋地下多少天不见天日、连续抽多少支香烟、喝多少打啤酒。这些"行"都是很"难能"的，所以可以入世界纪录。但这些难能的"行"对社会又有什么贡献呢？当然没有。所以在荀子看来这就是些"苟难"之"行"。

还有些人，专门以打所谓"知名度"为目的，优伶之属动辄以离婚、制造绯闻为快捷方式，而一些学府中的所谓读书人也以各种非学术的或假冒学术的伎俩为手段来博知名度，在荀子看来都是些"苟传"之名而已。

至于说到"说"这个字，如果我们以近代"学说"这个字来解释，那是再好不过的了。一些人专门制造一些言之自成理、持之自有故的理论，看起来好像是很有学问的样子，其实都是谬论；至于伤风败俗，那就更是罪过了，但是他又说得头头是道。这就叫作"苟察"之"说"。

（四）《荣辱》篇

顾名思义，这是讲什么叫作荣誉、什么叫作耻辱的一篇。在荀子看来，君子、小人，从天性知能来说都是一样的；好荣恶辱的心理倾向，君子、小人也是一样的。那么君子、小人要从哪里区别呢？就在求取的方式、手段上面了。方式、手段，即荀子所谓的"求之之道"。我们现在有些人常说"为达目的，不择手段"。照荀子看来，这是不对的。目的固然要择好的，手段也需要择好的。坏的手段绝不是达到好目的的应有途径。

小人们言语极尽其诳诞之能事，却希望别人都信任他；行为极尽其奸诈之能事，却希望别人都亲近他；自己为人像禽兽一样，却希望别人拿他当圣人来看。这样来求荣誉最后一定是要得到耻辱。故曰："成则必不得其所好，必遇其所恶焉。""成"，就是"结果"的意思。

君子则完全与小人不同。他们必先自我信实，才会希望别人信任他；必先自我忠实，才会希望别人亲近他；自己以善修身，讲明正道，言行有礼，明辨是非，才会希望别人把自己当作好人。用这样的方式、手段求荣誉，结果自然得到荣誉，绝不会得到耻辱。故曰："成则必得其所好，必不遇其所恶焉。"

（五）《非相》篇

人生在世，最难先定的恐怕就是吉凶、祸福、夭寿、贫富、贵贱、穷通等这些遭遇了。可是偏有些人认为是有"先定"的。这些先定的说法，五花八门、不一而足。其中之一就是荀子在本篇所"非"的"相"了。"相"，就是人的身体，特别是面相。所以，观人面相来决定人未来吉凶等的行业至今不衰。

荀子是坚决反对这一套的。

荀子认为用人的长相来判断人最不可信，而且认为用看人长

相的方法来决定一个人的未来毫无根据。长相的美丑并不能决定
一个人的人格美丑。荀子从历史人物中举出很多长相很丑的人有
很美的人品，有许多长相很美的人却有很丑的人格。因此，荀子
以为"相形不如论心，论心不如择术"。从长相来判断一个人，
不如从心志来判断一个人；从心志来判断一个人，不如从一个人
的所学来判断一个人。所以，一个人的未来是决定在他的所学上，
不是决定在他的长相上。故曰："形不胜心，心不胜术。术正而
心善之，则形相虽恶而心术善，无害为君子也；形相重善而心术恶，
无害为小人也。君子之谓吉，小人之谓凶。"

（六）《非十二子》篇

　　这是一篇研究先秦思想非常重要的文献。因为，这是荀子以
当时人的资格批评当时人的思想，可谓最直接的。但正因为此，
他也免不了时代偏见与信仰偏见。我们读这篇文章时是应该非常
小心的。

　　为荀子所"非"的十二子，包括为当时社会所称道的贤士陈
仲、史鳅；以兼爱、非攻为主张的墨翟、宋钘；以尚法为主张的
法家之士慎到、田骈；以辩说为尚近乎近代逻辑家的惠施、邓析；
最后还有得到孔子真传的子思、孟轲。孟轲被后人尊为"亚圣"，
子思则根本就是孔子的嫡孙、孟子的老师。

　　由他"非"的这些人物，我们就可知道他这篇文章的义理道
路和气势了。

（七）《仲尼》篇

《仲尼》篇，顾名思义，本应该是直接叙述孔子的，其实，并非如此，全篇可以说是一个借题发挥。他其实是借此篇名讨论其他问题。

他所讨论的是王、霸之分别。

他与孟子一样都反对五霸。孟子说："仲尼之徒，无道桓、文之事者。"荀子说："仲尼之门，五尺之竖子，言羞称乎五伯。"好像孔子真的否定五霸一样。其实，并不尽如此。孔子确实不喜欢五霸。五霸除齐桓公、晋文公之外，他全未提及。关于齐桓公与晋文公，他有一个很著名的评论就是"晋文公谲而不正，齐桓公正而不谲"。可见他对齐桓公还是相当推崇的。

至于对齐桓公的宰相管仲，他更是推崇，虽然他也批评过管仲"小器"，但是他也曾以"仁"赞许过管仲的，并且说："桓公九合诸侯，一匡天下，不以兵车，管仲之力也。"又说："微管仲，吾其被发左衽矣。"

但是到了孟子和荀子，都极力贬损管仲，贱视齐桓、晋文。这大概是因为在春秋之世，孔子受到齐桓公尊王攘夷的影响。到了战国之世，孟子、荀子所看到的是当时君王唯以诈力为尚"争地以战，杀人盈野；争城以战，杀人盈城"的恶果，实在都是滥觞于齐桓、晋文。所以，对五霸就不免深恶痛绝了。

五霸，尤其是齐桓公，以荀子看来，确也有他人所不可及的长处，不然何以能成其霸业？齐桓公有哪些长处呢？

一、他一见到管仲就能很清楚地看到，管仲无论在才或德哪一方都是可以托之以国家大事。这种知人善任的智慧就是天下最高级的智慧。

二、管仲曾帮助公子纠与齐桓公争齐国。在一次战役中管仲曾一箭射中了齐桓公的皮带钩子，几乎把齐桓公射死。管仲其实是齐桓公的仇人，齐桓公也很怨管仲。但是，等到公子纠败死之后，管仲被囚在鲁国。齐桓公一方面把自己心中对管仲的怨抛到九霄云外，一方面根本就不把管仲看作自己的仇人，连忙设法把管仲从鲁国接回齐国来，立其为宰相，并尊称管仲为"仲父"。仲父，用今天的话说就是"管仲叔叔"。这实在是天下最高级的决定、判断！

他把这样的一位管仲立为"仲父"，而齐国原来的贵族无不心服口服，没有一个敢嫉妒的；他把这样的一位管仲立为宰相，而齐国原来的大臣们也无不心服口服，没有一个敢恨恶的；他给这样的一位管仲以齐国最高的生活享受，而齐国原来的富人们也无不心服口服，没有一个敢排拒的。他能使齐国上上下下、老老少少，没有一个不很恭敬地跟着他一起尊崇管仲。这就是天下最高级的成就。

一个君主有这三者之一，就足以立国，何况齐桓公三者并有！所以齐桓公的霸天下是理当应该而不是侥幸的。

可是，依荀子说来，孔子门下的五尺童子都羞言五霸，这又是为什么呢？

一、他不以西周诗书礼乐刑政之政教为根本原则。

二、他没有崇高的道德理想。

三、他没有一套严整的制度以治理国家。

四、他没以德服人之心。只能善用计略，善用民力，充实战备，运用诈谋以使其敌人难于应付而取胜。

五、他用表面的谦让，以掩饰内在于心的争夺、倾轧；假借仁义之名义，来达到他自利的目的。

在荀子看来，像齐桓公这样的人，只是"小人之雄"而已。

圣人之徒所称美的是那些王者。

王者为人为政是什么情形呢？

一、他们能招贤能的人在他们的政府做事，但是对社会上一些不贤无能的人，他们又能以教育的方式使其贤能。

二、他们能使自己的国家强盛，但是，对于弱小的国家他们能以宽厚的方式对待它们。

三、他们有足够的能力战胜敌人，但是他们以为用武力与别人争斗是极羞耻的事。

四、他们治理天下，有条有理，全以礼义制度为准。

在这样天子的风教化育之下，一些以残暴为能事的诸侯也都会自然而然地向化而归于善。当然，遇到一些特别桀骜不驯的诸侯，他们会用兵加以征伐，但是这些事例是很少的。

这就是所谓王、霸的分别。

（八）《儒效》篇

顾其名，思其义，这一篇是讲儒者或儒家学术的社会功效的。但是，在先秦只讲到一个"儒"字，事主要指儒者而言，如果也讲到儒家学术，那也只是"牵涉"到而已。可是，"儒者"之"名"乃是根据儒家学术之"实"而成立的，只讲一个"儒"字自然就应该包括儒家学术在内。

我们现在借秦昭王告荀子"儒无益于人之国"一段来看看，荀子对儒者在社会上功用的确定认识。当然，据一些人的考证，荀子究竟有没有去过秦国，有没有见过秦昭王都是很有问题的。不过，这并不是一件很重要的事，古人写文章常常是用一些假托的故事来作引子的。如果我们一定要在这假托的引子上认真，大概我们的古书有百分之九十五以上都应该被烧掉。

所以，我常常想，我们读这些书的最好态度就是，全把它们当寓言来看，故事真假我们不必花心血去理会它，我们只要把其中的道理弄清就可以了。譬如乌龟兔子赛跑，那"故事"一定假的，一定是不可信的；可是，那故事中所包含的成功失败的"道理"毫无疑问是真的，也毫无疑问是值得我们相信的。所以，我们读书只要把"道理"读出来就可以了，"故事"可信不可信，何必劳神苦思去管它呢！

秦昭王的问题，其实并不仅是秦昭王的，而是一个至今尚在的问题。荀子对这问题的回答，从结论上来说当然是肯定的，"儒"一定是有"效"于国家社会的。从方式上来说，"儒"之"效"，可有"穷"与"达"两种。

首先荀子肯定儒者对社会国家一定有用。因为儒者取法古圣先王的为人为政之道，尊崇社会生活与个人生活中的礼义规范。而他既能够谨守臣道使自己成为一个合乎先代圣王之道的臣子，同时也能够以礼义事君，使他所事的君主也能成为一个合乎先代圣王之道的君主。国君能用他，他就在政府做一个符合自己职务的官员；国君不能用他，他还能在社会上做一个谨慎诚实、守自己本分的老百姓。

所以，一个儒者即便在穷居冻饿的生活中，他也不会用不正常的方式向别人求取富贵。表面看来，他贫无立锥之地，事实上他有治理天下国家的智慧与方策；表面上看来，连一个理他的人也没有，事实上他却有裁决天下万事，为天下万民谋求福利的办法与谋略。如果他来做君主，他就是文王、武王那样的君主；如果他做臣下，他就是一个能为国家社会负责任的社稷之臣，可以说是国君们定国安邦的大宝。但是，像这样的儒者，即使他隐居在家乡僻野，独居在敝屋陋室之中，也是没有哪个人不尊重他的，因为他代表"真理"。虽然他未做官以主理政事把国家治理好，但是他能在社会上起极好感化作用，使风俗淳美。所以，一个真正的儒者，以荀子所说"在本朝则美政，在下位则美俗"，这不都是很大的"效"吗？

"如果儒者做了国君又当如何呢？"这也是秦昭王的一个问题。荀子自也有他针对这一问题的看法。

一个真正的儒者如果做了国君，他一定是"广大"的。在他的内心里，一定有坚定的理想与做人做事的原则；在他所主掌的政府中，一定是有规矩制度的；他所任用的官员，一定是依循一定的法则度量来做人做事的；而为他治理的百官万民，更一定是能够接受他的诚实、惠爱与福利的。要他做一件不该做的事，杀一个不该杀的人以有天下，他是绝对不干的。他没有别的长处，只是凭借他做一个国君应该有的做法取信于他自己的臣民，并影响到其他国家，终至全天下人民都心悦诚服地响应他。

这是为什么呢？

因为他能做一个真正的国君，他能用自己的德行使"国君"之名成为一个为天下人尊重的对象，使他自己成为天下向往的对象。所以，自己国内的老百姓，都发自内心的来歌颂赞美他；其他国家的老百姓，不远千里、不辞劳苦而来到他这里做他的臣民；他使四海之内和谐如一个家庭一样，凡舟车所能通达到的地方，就没有一个人不服顺他的。像这样的国君，不仅是一般人所谓的"人君"，而且也是"人师"。因为，他是真理的化身。

真正的儒者，为人臣民能美政、美俗；为人君主，又能做到这样的程度。怎么可以说"儒"无益于天下呢？

荀子说到这里，秦昭王自然是无言可对了。

（九）《王制》篇

说到"王制"，自然就是"王者之制"了。"王者之制"，有泛称和特称两种意义。从泛称的意思来说，就是一般的政府制度。荀子此处的"王制"二字当然有这个意思，但绝对不仅于此。荀子这里所用的这个"王"字，实系"圣王"二字的简称。"王制"即"圣王的制度"。进而言之，我们如果真要很确定地、很恰当地理解荀子这"圣王的制度"，必须从两个不同的方式来看，一是静态的方式，一是动态的方式。从静态的方式来说，那很简单，"圣王的制度"就是圣王的制度；从动的方式来说，就不太简单，依荀子之意，圣王不仅必须通过政治实现出来，而且必须要通过有制度的政治实现出来。否则，圣既不能真成为圣，王也不能真成为王。因此，制度不仅是王之所以为王的必要条件，也是圣之所以为圣的必要条件。

正统的儒家从孔子开始，就认为人生固然有心灵世界的真理，真理世界的心灵；但是这真理世界的心灵与心灵世界的真理不仅不能与我们的社会生活、政治生活分而为二，而且与社会生活、政治生活根本为一。所以，真、俗并不能像其他某种特定意识形态一样可以分而为二的，而是真中有俗，俗中有真；既要从真中见俗，也要从俗中见真。所以，大学之道，便是要从格物、致知、诚意、正心讲起，一直讲到修身、齐家、治国、平天下方为圆满。此之所谓"内圣外王"之道。

孔子以后，孟子偏重于心灵价值的肯定，是一种道德的方式。他认为"推赤心于天下""以不忍人之心，行不忍人之政"便足以王天下。他也讲政治措施、政治制度，但都是第二义的，次一级的。

荀子便不然。他是一种政治学的讲法。他以"圣"由"王"见，"王"由"制"显。不能在政治制度、社会制度上做一种妥善的安排便不足以称为一个"王者"；不能称为一个"王者"，便不能称为一个"圣者"。所以他始终是一个政治制度、社会制度的心灵。在这一方面，孟子确实有所不足，所以要骂孟子。而他这种政治制度、社会制度的心灵，就是他这篇"王制"的形上根据。至于他所讲的内容，也应该从政治、社会、经济、教育各方面来看的。不过，在我们散开来读他这《王制》篇的时候，绝不能一刻离开他这制度的心灵之体会。不然，我们会把他这篇读俗了，不见荀子本意的。

（十）《富国》篇

荀子在本篇一个基本观点便是"以政裕民"。用白话文来说，就是用政治使人民富裕。古今中外，多数政治思想是以使人民富裕为最高目标的。人民富裕，国家自然就富裕了。天下没有使人民贫穷而能使国家富裕的道理。所以，荀子这篇《富国》便以"裕民"为基本观念。

"裕民"是站在政府的立场上使人民拥有财富。如果站在人民自己的立场上，则是"我"如何取得财富。"我"如何取得财富呢？自然是要尽量发挥"我"自己的聪明才智，运用"我"的社会环境与自然环境资源，以取得"我"所要取得的财富。这应该是近代所谓"自由经济"的最好解释。

可是，从经济史的观点来看，近代所谓的自由经济并不是从这样一个简单而富有"高尚"意思的发展中衍生出来的。十九世纪的工业革命后，由海盗式的掠夺经济和山大王式的垄断经济发展而来的。因此，说到"自由经济"便不可避免会使人联想到由"掠夺"和"垄断"所产生出来的那些罪恶。

其实，"掠夺"和"垄断"代表罪恶，但是"自由"并不代表罪恶。自由不仅不代表罪恶，相反它还是人类创造力的根源，没有它固然人间社会中那些掠夺和垄断的罪恶没有了，但是人间社会中一切有价值的东西也会跟着没有了，财富自然也没有了。

在荀子时代，并没有自由经济与绝对计划的毛病。但是，一个真正的智者，不必等到事情发生了，苦头吃过了，才恍然大悟，他可以先见于事理之未然。这就是古人所谓"知者见于机先"的意思。

现在让我们用意译的方式从他两段文字中来看看他的经济思想。

"富国"的方法，在于政府节省不必要的开支以使人民富裕，并妥善地储存余财。政府节省用度，并不是像墨子所说以节省为节省，而是要在一定的制度中节省；使人民富裕，并不是放任人民一味地去谋取财富，而是要政府用适当的行政手段加以调节。须知人民富裕，政府才能富裕。政府用行政的方式使人民富裕，人民就能富裕；人民富裕，自然就会把田地耕种好；田地能耕种好，自然收成就好。人民的田地收成好，上则政府以合法的方式征收赋税，下则人民在一定的礼制中节省用度。这样，政府与民的节余自然就多了，甚至可多到烧也烧不完，根本无处储藏的程度。所以，一个君主不怕不富足，只要节用裕民便可富足。如果不节用裕民，则人民一定贫穷；人民贫穷，则田地一定荒废；田地荒废，收成一定不好；收成不好，那么政府无论多么会向人民强取豪夺，也没有多少。人民不富裕，政府哪能富裕呢？

但是政府如何裕民以政呢？

在荀子看来，这是有一定的规矩的。

首先，天子要计量土地的大小以立诸侯；诸侯则计算地之所利来养育人民。依照人民的智力和体力来交给人民一定的任务，使人民的体力、智力足以成就他的事情。这样事情就能成功；能成功，就有利；有利就足以使人过充裕的生活，使人民衣食与其他日常生活中的用度都能出入相敷；进一步，则使家家都有余财。田赋以"轻"为原则，关税以平和为原则，商人的数目与利润应减低至最低程度,政府不随便征用民力;如果一定要动用民力做事,也不能在农忙的时节为之。这样,国家就一定能富裕。但这国家的富裕,乃是因于人民的富裕;人民的富裕,乃是因于政府的行政得当。这就叫作"以政裕民"。这是典型的儒家经济思想。

（十一）《王霸》篇

王、霸的分别,荀子在《仲尼》篇中已经说过了。在这里,他又郑重地提出这个问题,当然有其特殊意义。

现在让我们简略地看看他这意义。

在现在的政治学中讲到国家的要素时,都说有三:一曰土地,二曰人民,三曰主权。这是绝无问题的。但是这所谓三要素只是说到国家之所以为国家的必要条件而已,究竟要成为怎么样一个国家,我们并不能从这三要素中看得出来。也就是说,这所谓三要素对要成为一个怎么样的国家完全不具有决定性的作用。

这个决定性在于"人",在于荀子在本篇所谓的"用国者"。"用国者",就是"人主"。

荀子在本篇一开头便说:"国者,天下之利用也;人主者,天下之利势也。"这就说明,"国家"是天下一个最有用的工具;而"国君"是天下最能使"国家"之"用"见诸实施的人,因他操有天下最高的权"势"。正因为他操的权势很大,所以,如果他能持之以"道",他便能使全天下和他自己都享受到安定与光荣,可以使一切的荣誉和光彩都归积在他身上。如果他不持之以"道",

国家对于他便是一个极大的累赘、极大的危险，做国君便不如做一个平民；甚至，在灾难到来的时候，想做一个平民都不能！历史上这种例子多得很，可谓不胜枚举。

依荀子之意，国君可分为三种。那就是：

义立而王，信立而霸，权谋立而亡。

"立"，是立己，也是立国。这三句话，用白话文说来，就是一个国君如果用"义"立己、立国，就能王天下；用信实立己、立国，就能霸天下；用权谋立己、立国，就非"亡"不可。

在这里，我们必须注意用在此处的"信"和"义"两个字的差别，因为它们的差别就是王、霸的差别。在平常，这两字是没有差别的，所以我们常"信义"连用。但在这里，它们是有分别的；不仅在这里有分别，在其他地方，如《论语》中也有分别。

通常我们说到"信"字时，就表示我们言出必行，行出必成。这样，从一般的立场来看自然是很高级的道德了。可是，从圣人的心目来看，也就是从真正的道德立场来看，这种"必"是很不够水平的，至少说是次一级的。因为"君子言不必信，行不必果"。言必信，行必果，只是"小信硁硁"。小信硁硁，不能算是真道德。因为，世事变迁瞬息千万，言必信、行必果有时不仅不能成就道德，反而会成就不道德。所以《论语》说：

君子之于天下也，无适也，无莫也；义之与比。

"天下"，就是天下事。"君子"，指具有真实道德的智慧与智慧道德人格的人。"无适也，无莫也"，自然有其训诂上本来的意思，但引申来说，就是言不必信，行不必果的意思。这样说来，我们应怎样安排我们的言行呢？孔子在这里提出一个原则就是"义之与比"。

"义之与比"，就是以"义"为原则。

什么叫作"义"？

义，在这里其实就是我们主观上的"应该"加上客观上的"应该"，合之而成的既有主观的妥当性又有客观的妥当性。有些人只看他主观应该怎样他便怎样，便是"小信砝砝"；有些人只看客观应该怎样他便怎样，便是孔子、孟子皆斥之为"德之贼也"的"乡愿"。道德当然是一种"应该"，但真正的道德必须兼有主观与客观妥当性的"应该"，不能偏于任一方面。当然，这是极难能的，也是极高贵的。

明乎此，我们就知荀子这里"义立而王，信立而霸"的真正意义了。

其次，我们应再看看这里"王""亡"二字的真正含义。

"王"，在我们的语文课本的注解中应读为去声"wàng"的。这一个读去声的"王"字，通常以"旺"来解释。所谓"旺"，就是一切兴旺。"一切兴旺"是句俗说，如果用典雅一点的话来说，就是万事万物都能得到正常的发展；都能够"是"其所是，没有不正常的隐曲与歪邪。做君主的就"是"一个君主，做臣民的就"是"一个臣民，做父母的就"是"一个父母，做子女的就"是"一个子女，做丈夫的就"是"一个丈夫，做妻子的就"是"一个妻子，做兄弟的就"是"一个兄弟，做朋友的就"是"一个朋友，义就"是"义，忠就"是"忠，孝就"是"孝，悌就"是"悌，爱就"是"爱；信就"是"信。一切无过也无不及。虽然，在现实上每一事每一物并不一定都能够到这种完美的程度，但每一事每一物都不能不以这完美的程度为理想。这就是所谓的"王"。

"亡"则正好相反。不仅每一事每一物做不到这种美好的程度，并且根本不以这美好的程度为理想，完全背其道而行，终必至于社会发展前景暗淡。这就是所谓"亡"。这些人，并不是没有聪明，而是很聪明。这种聪明在英语中是 clever，而不是 wise，但后者是智慧，前者是聪明、伶俐。苏秦、张仪、韩非、李斯等都是十分聪明、伶俐的。于是，有秦一代也正是在他们这聪明、伶俐的牵引下一步步走向一统。至于他们运用"权谋"加速历史进程，功过智者见智、仁者见仁，不在本文阐述之列。所以，我们对于荀子这里使用的这一个"亡"字应好好地体会！

（十二）《君道》篇

司马迁说"天下重器，王者大统"。为什么是"重""大"呢？就是因为君主影响太大，大到甚至有时可以说是绝对的。故曰："君者，民之原也。"至于荀子说："原清则流清，原浊则流浊"，那就不一定了。

当天下要糜烂的时候，一个君主的善良，并不能挽狂澜于既倒。汉献帝、明思宗，论其为人，都不能算是亡国之君，但他们的国家都亡了。当天下老百姓个个兢兢业业、克勤克俭，一心一意要往好处做的时候，政府决策不恰当可使全天下归于糜烂。周幽王、隋炀帝、唐玄宗都是这种典型。所以，从个人看来，像"国君"这样的人，成事则有时不足，败事则一定有余。古今中外，这种事不知有多少！

既然国君对天下生民的影响这么大，我们当如何安排他只做好事不做坏事呢？老实说，凭借的就是礼制的约束，所谓"法之大分，类之纲纪"，指的也正是这点。不然，怎么会有"君君，父父，子子"之说？此外，中国古代尚流行一种史官制度，以录时政大事，甚至对国君的不端行为亦做记录，对当政者形成震慑。孔子称"解狐，古之良史也，书法不隐"，指的就是此类史官。

在君主政治的政体中，君主本身就是法律，但也受到礼制限制，并不是说他爱怎么做便怎么做，任何人都拿他没办法。黑格尔说东方世界除了君主没有一个人是自由的；就这一人的自由也不是 free 而是 arbitrary。Arbitrary 只是随意而不是自由。隋炀帝杨广固然是 arbitrary，唐太宗李世民也同样是 arbitrary。在这种君主的 arbitrary 的随意下，人民当然属于被动性，君主占有主动性。

这样一个主动性，自然应加以限制。

既然无法律限制他，那用什么东西来限制他呢？

这在我国古代，从法家的立场来说，他们正要借助于君主这"随意"，故不愿加以限制；就道家的立场来说，就是要他"无为"；就儒家的立场来说，除了也要他"无为"，还要他"道德"。但是"无为"与"道德"，都是要靠自我约束的，"我"愿无为，"我"就可以无为；"我"不愿无为，我就可以不无为；"我"愿道德，"我"就可以道德；"我"不愿道德，"我"就可以不道德。"我"之"愿"或"不愿"，最后还是一个 arbitrary。

事情并非如此悲观。

荀子虽也是儒家，也赞同德化政治，但他稍不同于传统儒家者，在于他重视"礼"，重视以礼法为指导之"法之大分，类之纲纪"以限制君主。在他的心目中，从庶人以至于天子，无一人不在这"礼"的限制中。"礼"虽不如近代政治生活中宪法或法律的客观性，但毕竟也是一种"定分"与"纲纪"。在这种定分与纲纪的限制下，君主主制的程度自然会减少。当然，这也不是荀子的发明，他是上承孔子与西周的。因此，他所谓的"君道"没有别的，就是"隆礼至法"以使"国有常"而已。

使"国有常"，那是一件何等困难的事。正因为如此，它才是民族共营集体生活的大事。

当然，正像我们前面所说，不管在任何政体之中，国君都是全国最重要的人，因为他的决定效力最大。国君之如何决定，又决定于国君的人格。所以，国君如何做一个人，与他如何做一个国君，依荀子来看，都是"君道"。

（十三）《臣道》篇

为君有为君之道，为臣自然也有为臣之道。

依荀子之意，臣，有态臣、篡臣、功臣、圣臣四种。

什么叫作"态臣"呢？对内，他不能使全国的国民一心一德；对外，他不能抵御外侮。人民不亲敬他，外国不信任他。但是，他能巧言机变，最能取得君主的宠信。这就是"态臣"。

什么叫作"篡臣"呢？对上，他实在不忠心于君主；对下，他最能讨好人民，得到人民的称美。他完全不管道义是非，只滥交小人邪僻来包围君主，以达到他自私自利的目的。这就叫作"篡臣"。

什么叫作"功臣"呢？对内，他能使全国人民一心一德；对外，他能抵御外侮。人民亲附他，官吏信任他。对上，他能忠于君主；对下，他能以一颗永不厌倦的心惠爱人民。这就是"功臣"。

什么叫作"圣臣"呢？对上，他能以道事君，以道尊君；对下，他能以道爱民，以道惠民。平常时期，人民顺从他的政令教化，如影随形一般；遇有急难，他的任何临时措施，人民也都能毫无疑问地响应。他制定法度能因时、因地、因人而制其宜，不拘泥于一偏，因此大小政事他都能有原则可守，这就叫"圣臣"。

一个国君，以荀子看来，"用圣臣者，王；用功臣者，强；用篡臣者，危；用态臣者，亡"。而且，这都是必然的。故荀子又说："态臣用，则必死；篡臣用，则必危；功臣用，则必荣；圣臣用，则必尊。"

从历史上看来，哪些人是圣臣、功臣、篡臣、态臣呢？

荀子认为，秦国张仪、齐国苏秦，就是态臣；齐国孟尝君，就是篡臣；齐国管仲、楚国的孙叔敖，就是功臣；商的伊尹、周的太公，就是圣臣。

通常说来，臣事君是要"忠"的，在荀子看来，"忠臣"也有好几等。

"大忠"之臣，不仅自己能以道德人格辅佐君主，而且还能使君主成就他自己的道德人格。周公对于成王就是如此。

"次忠"之臣，能以道德的原则安排君主的为人行事，补救君主的过失。管仲对齐桓公就是如此。

"下忠"之臣，不怕君主的威严，敢于犯颜直谏。伍子胥对吴王夫差就是如此。

"国贼"之臣，表面上是忠，其实是最不忠的。这些人臣根本不关心君主荣辱，不关心国家政治的好坏，只知道奉承国君、讨国君欢心，以升官发财、交结朋党而已。吴王的伯嚭便是如此。

（十四）《致士》篇

"士"，就是荀子常说的"士君子"，故也可称为"君子"。"君子"古人解为"成德之人"，就是有道德成就的人。荀子以为，一个国家，从自然的条件看必须要有土地和人民。因为没有土地，人民自然不能安居；没有人民，土地也是不能守得住的。这样，是不是只要有土地就可以有人民了？不然！仅有土地并不足以招徕人民；招徕人民必须有良好的政治制度，所以"无道法则人不至"。有良好的政治制度，就一定能招徕人民了吗？并不一定，良好的政治制度必须得到有效的实施，才能生招徕人民之效。良好的政治制度，靠什么才能得到有效的实施呢？就是"君子"，也就是所谓"士"。所以，一个国君要把国家治好就必须"致士"。因为，土地、人民和良好的政治制度，是一个国家所以成一个国家的必要条件，并不是充分条件。而且，良好的政治制度，本身并不能实现其自己；它的实现是要靠有学识、有道德的士君子，否则它便不能实现。故曰："君子也者，道法之总要也；不可少顷旷也；得之则治，失之则乱；得之则安，失之则危；

得之则存，失之则亡。"由此看来，士君子既是治理天下国家的充分条件，也是必要条件。故曰："有良法而乱者有之矣，有君子而乱者，自古及今，未尝闻也。"古人所谓"治生乎君子，乱生乎小人"就是这个道理。

每一个君主都想用君子而不想用小人，可是历史上许多君主就偏偏用了小人，这问题出在什么地方呢？

以荀子看来，这问题就出在君主自己身上。

国君最大的毛病不在他们不起用君子贤人，而在他们不诚心起用君子贤人。他们口口声声讲要用君子贤人，可是他们由内心而发出来的实际行为却是拒绝君子贤人的。言行不仅不一致，而且相反。如此想要君子贤人都来，小人恶人都远去，那是根本不可能的事。

（十五）《议兵》篇

在先秦诸子之中，除了兵家，用堂堂正正的题目来讨论用兵的恐怕只有荀子了。

荀子在本篇中借着与临武君论兵于赵孝成王之前为题目来讨论用兵之道。临武君不知是何许人也，大概是个假托的人物。在本篇中荀子只把他拿来代表一般军人，或者说是职业军人对"用兵"的看法，荀子则代表政治家甚至道德型的政治家对"用兵"的看法。

首先讨论到所谓"兵要"的问题。兵要，就是用兵的要领，亦即打胜仗之要诀的问题。在职业军人型的临武君看来，这很简单，那就是要上得天时，下得地利，洞悉敌人的变动。在敌人已经出发之后再出发，要敌人负起挑起战争的责任，要敌人把自己的优劣表现出来，并在敌人还没有到达战场的时候先到达，以占地利。这样自然就能取胜了。

荀子却不以为然。荀子以为用兵之道，最重要的就是附民。附民，就是亲附人民，与人民亲附，就是国家和谐的象征。所以，自己国家的和谐才是用兵取胜的根本。像临武君的用兵之道只是"权谋势利""攻夺变诈"而已，是当时一般诸侯残害人民自取灭亡的用兵之道，不是仁人、王者的用兵之道。

从这一辩论开始，荀子必然的结果就是用兵一定要以仁义道德为根本了。

这看起来似乎形成了一个矛盾。

这是一个很简单的矛盾，既要用兵就不能讲仁义道德，既要讲仁义道德就不能讲用兵。既讲用兵，又要讲仁义道德，这不是一件自打嘴巴的事吗？

《议兵》篇便借着荀子的一个弟子陈嚣一问而显出来了。

陈嚣问道："老师议兵，总是说以仁义为本。仁就是爱人，义就是一切事依理而做，这样还要用兵做什么？因为，凡是用兵都是为了争夺的，这根本与仁义之道相违背的。既要用兵，又要仁义；既要仁义，又要用兵。这样不是自相矛盾吗？"

这样的问题自然难不着荀子。

荀子以为，仁者爱人是不错的，正因为仁者爱人，所以仁者也厌恶一般穷兵黩武的人残害人民。义就是一切依理而做也是不错的，也正因为如此，义者也厌恶一般穷兵黩武的人以用兵扰乱天下。仁义之人不是不用兵，而是只用兵来禁止穷兵黩武之人，为民除害，其目的并不在于争夺。像古时的圣王如尧、舜、禹、汤、文王、武王，他们也都不是不用兵的。不过他们用兵都是以仁义之兵行之天下。本国的人民因他们的善行而亲附他们，敌国的人民也因他们的德化而仰慕他们。所以，他们打仗，可以兵不血刃而使远近的人都自来服从，这便是最高级的用兵之道。

可是，荀子另外一个有名的学生又提出了相反的意见。

李斯以秦为例说："秦国四世用兵，只有胜利而没有失败，所以他们威行于海内，兵强于诸侯。他们用兵既不以仁义为原则，也不以仁义为号召：他们只是以战争为战争，以胜利为胜利，随机应变，只看当时的'方便'而已。"

这样的问题自然也难不着荀子。

荀子认为像秦国这种随机应变的"方便"，其实只是一种不方便的方便；仁义才是真正方便的方便。怎么说呢？仁义的目的，在于使政治修明。政治修明，则人民一定亲附他们的长上，敬爱他们的君主。这样，人民就会不惜自己的生命以为其长上、君主效力。所以，在用兵之道方面，以将帅攻城野战而取胜，乃是"末事"；以仁义亲附人民百姓，乃是"本统"。像秦国虽然四世用兵皆胜，但他就是怕天下诸侯联合起来对付他。这就是没有"本统"的"末事"之兵。战争的取胜并不是只在战时或战场上，而是在平时在自己国内。自己平时在国内以仁义之道亲附人民百姓，这就叫作"仁义之兵"，这就是用兵的"本统"。"本统"，就是根本的大原则；"末事"，就是细末小节。天下用兵，只讲求细末小节，不讲求根本的大原则，就是天下大乱的根本原因。

荀子这些议论，看起来似乎很迂阔，其实是很实际的。不因为别的，只因为他是"本统"。无论做什么事，作为根本大原则的"本统"都是不可失的；无论做什么事，都是不能仅注意细末小节的。天下事皆如此，用兵何能例外？

（十六）《强国》篇

《强国》篇，虽然名之曰"强国"，其实是强政府，使政府强而有力。政府强而有力，是一件很好的事，因为政府是主理人群集体生活共同事务的所在。它强而有力，自然做起事来就方便，就容易成功。强国的方式，依荀子看有三种：

一、道德的方式。基本的做法便是做君主的修明礼乐教化，包括君主在内的自我的本分与在集体生活中的应该在最恰当的时候征用民力，使自己对人民的爱心休现在人民的日常生活中。这样，人民自然对他会像对上帝一样尊重，把他看得像天一样高贵，把他像父母一样来亲近，把他像神明一样来敬畏。在如此的情形下，他不必用奖励的办法，人民就会自动地勉力向上；他不必用惩罚的办法，人民就会自发地不堕落。这样的政府，自然就真的强而有力了。

二、暴察的方式。"暴"，是残暴；"察"，是苛察。如果一个政府只残暴而不苛察，它的残暴罪恶是有限的；如果一个政府只苛察而不残暴，它的苛察罪恶也是有限的。二者加到一起，事情就坏了。这样的方式，即是，既不修明礼乐教化，也不讲明分际义理，不分季节滥征民力，它对人民既无所谓爱心，更无所谓实现爱心。可是，它能用极苛察的方式禁止暴乱，能用极详尽的方式诛戮不服从它的人。它的刑罚严刻而毫无宽贷，他的诛戮猛烈且坚定不移。再说，它这些刑罚、诛戮都是说来就来，像雷霆一样，像墙倒一样。这样，人民如果摆脱不了它，只是畏怕它而已；人民如果摆脱了它，心中是根本瞧不起它的。它只能用牢狱来团聚人民，人民一旦摆脱了它，便一定都逃散了。敌人若看中它这弱点，一定可以把它打垮。如果它不用诛戮、强迫的方式，就根本保不住天下。这也是一种强而有力的方式，不过这种强而有力其实是很脆弱的。

三、狂妄的方式。这种政府，既没有爱护人民的心，也没有增进人民福利的政事，反而每天想法子搅乱人民的生活，使人民不能安定。有人不服从它，它就把这些人捉起来，用种种残酷的刑罚加在人民身上，完全不知道和谐人心，使人民心服是怎样一回事。这样，人民和他的臣下一定是相偕逃亡离开它，它随时可能灭亡。这种狂妄的强而有力，其实就是自取灭亡的必然道路。

荀子这种论强国之道，也许不免于遭人笑之曰迂。不过，我们想，这除了能证明这些人的浅薄无知，其他并不能证明些什么。

（十七）《礼论》篇

荀子《礼论》篇的观念，是直接从西周礼乐教化中的"礼"而来的。因此，如果要想对荀子所说的"礼"有一个相应的了解，我们就必须先了解西周时代礼教的真实意义。

提起礼，近代人无不头疼；不仅无不头疼，而且无不深恶痛绝。这种对礼的感觉，就像小孩子怕鬼一样，既是真实的，也是很普遍的。而且，它们的产生也几乎是同一模式的。小孩子怕鬼，是因为听了大人们的鬼话；近代人厌恶痛恨礼，也是因为听了一些人关于礼的鬼话。凡鬼话都是假的。可是，任何假话，当你把它当真时，它就成真的了，它就在你的现实生活中起真作用。

关于礼的鬼话是什么呢？

那就是所谓的"吃人的礼教"。

当然还有"打倒旧礼教"那句口号。不过那句口号，是以"吃人的礼教"为基础的。礼教若不吃人，我们就不必打倒它了；正因为它要吃人，我们才要打倒它。所以，这两句话实是一句话，它吃人是因，要打倒它是果。

礼教真的如此可恶吗？

真正的答案是"绝非如此"！

这句鬼话之所以为鬼话，即在于它根本是一个假象。

礼教发展到清代，确实有吃人的嫌疑，而且有时也有吃人的事实。但是这种为清代人发展而成的礼教，就思想史的立场来说，是礼教的病态，而不是礼教的常态。现在我们所要讲，就是这种病态的礼教也不是完全吃人的，它其实也能活人，而且是"活人无数"！它活的人要比它吃的人多得多！

现在的问题是，这种假相与鬼话在真实的礼教中有没有真实的根据。

有。

不但有，而且真实地存在。

　　原来，礼教好像我们今日街上十字路口的红绿灯一样，其目的就是在借着一种客观的秩序来协调人群的共同生活。就红绿灯来说，如果世界上只有一个人一部车，它就没有设置的必要。我们之所以设置红绿灯，就是因为世界上不止一个人一辆车，有许多人许多车。这许多人许多车各有各的行驶方向，大家交会在十字路口。在这十字路口上，这众多的方向便要形成冲突了。冲突的结果，便是大家永远堵在那里谁都不能行驶，谁都不能达到自己的目的。在这种情形下，我们便在十字路口处设置了红绿灯。其目的，便是协调这些具有不同方向的众多行人与车辆，使之都能达到各自的目的。我们知道，红灯代表停止，绿灯代表通行。在十字路口中的每一行人与车辆，都是要通行的，都是以通行为目的的。所以，就行人车辆讲，欲达到在绿灯来时通行的目的，必须服从红灯停止的指示。我们不能把红灯的停止只当作停止，须知这停止是在成全我们的通行。就红绿灯来说，设置红灯示人停止是达到在绿灯时使行人车辆达到通行目的的手段。因此，在红绿灯的调配方面，我们应尽量避免不必要的红灯时间以使道路通畅。

　　礼也是如此。礼有限制人的意义，也有成全人的意义。清代的病态礼教，就好像十字路口红灯时间太长，绿灯时间太短调配不当一样，成全人的意义太少，限制人的意义太多，故成了"吃人的礼教"。

　　然而，西周人的礼教，乃至任何时期真正的礼教，都不如此。

　　礼，表示一种秩序。如以秩序的眼光来看礼，它就不仅是一种教，而是宇宙人生中万物、万事之所以为万物、万事的基本原则之一。《大学》说："物有本末，事有终始"，便是这个意思。

从静态来说，每一物都有每一物内在的秩序；从动态来说，每一事也都有每一事内在的秩序。离开它，物必崩解，事必幻灭。因此，这里"内在"两个字，除了表示它是内在于各该事物之内而不是外加于各该事物之上的意义外，它还有无之不然的必然意义和非出自人工做作的自然意义。

这些，只要稍留意一下，就不难从我们身边事物与我们自己身上看得出来。天地万物的构成与运作，哪一物哪一事不是凭借其内在的秩序而生起的？再说这一物一事固然都各有其内在的秩序，但总起来，又何尝不是一个大秩序！人生存、生活于天地之间，固然要凭借其各自的内在秩序，但又何尝能自外于这一个大秩序！

西周人以其创造性的活泼心灵，在其建国大业中睿智地把握到了这一点。秩序的建立，便是他们的首要工作。他们给这秩序命了一个名，就叫作"礼"。为他们所制定的礼，他们以为并不是他们自己的创造发明而是来自天地的。所谓"礼者，天地之序也"，便是这个意思。在西方世界中，犹太人的祖先摩西实具有类似西周人这样的心灵。所谓"十诫"，虽然实际是摩西在西奈山创制的，但他说那是由于上帝的启示，即使不以宗教或是迷信的眼光来看，的确也是具有甚深真意而不可随便加以忽视的。

说到这里，就必然会有人怀疑，如果说宇宙间天地万物，包括人类在内，其存在与活动都是依凭其内在的秩序，且统归于一个大秩序之中，是可以承认与理解的。西方人不也有自然律这个名词吗？但是，如果说到为西周人所设置的那种繁复的生活规范也是出于自然，就未免太牵强不通，难以使人信服了。

这当然是一个问题。

不过，西周其实早已考虑过了。

不仅考虑过了，而且也解决过了。

西周人，甚至西周以前的中国人，对于西方人所谓自然律当然是看到了的。不过，他们并没有采取把自然律只当作自然律来看待、来使用，来了解自然世界。他们是在对自然律的感受中，反省到人虽然也是天地万物之一，但人总有与天地间其他物不同之处。这不同之处，是人的，也是自然的，是自然所特赋予人的，所以叫作"天理"。这"天理"是人之所以为人的真实根据，所以又就叫作"人情"。情，就是情实的意思。但人情也常常有自私的，也就是"人欲"的意思，所以西周人讲人情总要与天理讲在一起，目的就在要人撇开人欲的人情，彰显出天理的人情。天理，是大公的。所以，天理的人情是大公的，也是自然的。西周人制礼的依据是它，过程是它，目的还是它。所谓"礼仪三百、威仪三千，皆本之于人情"，便是这个意思。

西周人依人情制定了礼，并以之而为教。这种礼，固然是由人所制定的，也是根据自然的——我们千万不能忽略礼的这种自然意义。

这里，我们应再次一谈礼的限制义与成就义。

在上文，我们曾以十字路的红绿灯为例讨论过了礼的限制义与成就义。乍看起来，好像是很近代的理论。其实不然，西周人早已看到了。这也并不是西周人特别聪明，而是因为礼的这两种意义是所有规矩、制度、戒条、法律的共同特性。任何在正常心态下思考这问题的人，都必然会察觉得到，除非他不用正常心态来考虑这问题。

所谓礼的限制意义，就是礼的消极意义，在西周人，看来即所谓"礼者坊也"。"坊"，即防，就是提防的意思。所谓礼的成就意义，就是礼的积极意义，在西周人看来就是"礼之居人曰养"的"养"。荀子则直说："礼者，养也。"养，就是养之使成的意思。礼在西周，其实是包括所有政治、社会、经济、宗教与个人在各方面的行为的制度与方式而说的。这些制度与方式，看上去似乎是条条列举，使人步步都在限制之中。其实，个人生活与社会、政治集体生活的种种事业也都是在这步步限制中得到成全的。像十字路口的红绿灯一样，没有红灯的限制哪来绿灯的成全？

我们都知道，在佛教中有一派叫律宗，他们是以精心守持戒律出名的。我们外行人看来，那种戒律严得也太不合理，但在他们自己看来，这就是他们的成佛解脱之道。他们持戒有两种意义，就是我们所说的限制义与成就义。在限制义中持戒，他们叫"止持"；在成就义中持戒他们叫"作持"。意义有两种，持戒是一件事情。这样，持戒正是达到成佛解脱的必要途径。真的，不戒何以能定？不定何以能慧？戒则能定，定则能慧。慧就是他们的成佛解脱。

只能见礼的限制义，不能见礼的成就义，严格说来，没有资格谈礼的问题。

明乎礼的限制义与成就义，我们就可看出西周人以礼为教的真意所在了；明乎西周以礼为教的限制义与成就义，我们就可以知道荀子重视"礼"的精神所在了。当然荀子言"礼"还不仅于此，他根本是就人群集体生活的贞定的立场来说的。《礼论》篇当然有这个意思，但他的这种意思并不限于《礼论》篇，整个一部《荀子》的书，可以说都是在讲一个"礼"字。

（十八）《乐论》篇

正如谈到荀子的"礼论"一样，在我们要真正了解荀子的"乐论"，也就必须对西周的乐教有相应的了解。

提起乐，就会使我们想到音乐；提起音乐，近代人少有不眉飞色舞的。因为音乐欣赏在近代实是一种非常流行的风雅事情。所以，乐在近代人的感觉中，是与礼截然不同的。

西周人所谓的"乐"与今天我们所谓的"音乐"，并不完全是一对同义词。西周人所谓的乐，有时同于今天的音乐，有时不同于今天的音乐。而西周人的乐教的真精神却正好就在这不同处。当然，乐教不能离开"音乐"。

因此，在说到西周乐教之前，有三个名词我们是必须弄清楚的。这三个名词就是声、音、乐。先秦人使用这三个字，概念是非常不严格的。有时，这三个名词可以同指今天所谓的"音乐"。如"郑声"就是郑国的音乐；郑声，又叫郑音，仍是郑国的音乐；制礼作乐之"乐"，乐教之"乐"，也都指"音乐"。但有些时候，它们却各有一定的指谓，一点儿也不能混淆。分述如下：

声，就是今天所谓的声音，简说为"音"。音有两种，一曰噪声，二曰乐音。这是物理上的分别，我们是非承认不可的。西周人所谓的声，就是指今天所谓的乐音而言的。乐音，就是可以入音乐的声音。它能刺激我们的听觉神经，使之产生一种快感，不像噪声那样，只能使我们听觉神经产生痛苦。对于它的接受者来说，只要具备正常的听觉神经系统就可以了。所以，人能感受它，禽兽也能感受它。但是，禽兽能"知声"并不能"知音"。

音是什么东西呢?

音,就是今天所谓的音乐。凡音乐都少不了声音——当然是乐音。但乐音只是音乐的必要条件,并非音乐的充足条件。它必须另加上某些东西,才能成为音乐。这加上去的东西,一般说来,就是所谓乐谱。它代表一种秩序。乐音在这秩序之中才能成为抑、扬、顿、挫的音乐。音乐,由乐音与秩序成。但是,音乐之真精神,既不在乐音,也不在秩序,而在驾乎此两者之上的和谐——一个秩序的和谐。我们只以在古代希腊著名的音乐家都兼为数学家这一事实便可知其中三昧了。

套用亚里士多德的话来说,乐音是音乐的材质因,秩序是音乐的形式因。材质是被决定的,形式是决定的。音乐之所以为音乐的道理,是在形式处,不在材质处;固然,它也少不了材质。正因为音乐的决定因素在形式,不同形式便产生了不同的音乐。不同形式的音便可对人产生不同形式、不同内容的感受。

就这一个意义来说,西周人把音乐分为两种。一种是足以刺激活泼人们的生物性本能,或麻醉瘫痪人们的生物学本能的。这种音乐,西周通常称之为淫乐或溺音。这种音乐,虽也是音乐,西周人是不把它当作音乐的。西周人常称之为“音”而不称之为“乐”。音、乐两个字,在西周,虽都可以同于今日的音乐二字,毕竟还是有分别的。可以“乐”指称的音乐,是另外一种足以点醒人们内在心灵和谐的音乐。这才是西周人以之而为教的音乐。但不管哪种音乐,都可作为人们“欣赏”的对象。自然,就一个欣赏者来说,只要是一个人,他便都有能力欣赏他能欣赏、愿欣赏的音乐。欣赏音乐,便是所谓“知音”。能“知音”,并不一定能“知乐”。在我们现代人风雅之上,西周人居然还有一个“乐”!

那么，乐又是什么东西呢？

乐不是东西！

乐，用现代的语言来说，是一种生命情状，是一种在音乐欣赏中的生命情状。说到这里的"生命"二字，通常我们是要加上"精神"或"心灵"这类形容词以示有别于血肉之躯的生命。因此，如说是精神情状或心灵情状也是可以的。知乐和知音不同。知音是以"我"来知"音"。"我"与"音"之间构成一个"主体、对象"的间架形式。对象的音乐是"音乐"，主体的我是"我"，"我"来欣赏"音乐"。知乐就不同了，它是主体的"我"欣赏音乐心灵的自知，完全是这个欣赏音乐的"主体"的自我呈现，没在知音中那种间架形式。在"知乐"中，音乐就是我，我就是音乐。音乐是一个秩序的和谐，我的生命也就是这个同一的秩序与和谐。它是一种主体的感受和感受的主体。所以"乐不是东西"。

作为这种生命情状的乐，古人常用"快乐"的"乐"来解释，故曰："乐者，乐也。"这是不错的。但是，这种"快乐"的乐，其实有两种。借用佛家的名词来说，就是法乐和欲乐。欲乐就是心学中讲到的快乐，是套在刺激、反应的形式中说的。也就是前面我们所说到的"知音"的方式。欣赏音乐是一种享受，故可名曰欲乐。这种欲乐佛家是瞧不起的。而且，老子称五音令人耳聋，墨子要非乐，都是建立在这同一基础上。法乐则完全相反。它是一种真理之乐，是我与真理为一的乐。且这为一也并非一般二物之"合而为一"之形式，根本上是一个"一"的形式。在这种形式中，生命，就是真理的自己；真理，就是生命之自己。生命，是真理的生命；真理，是生命的真理。佛家说极乐，庄子说至乐，都是这种乐。这种乐，故只能通过人格来说，古人说："唯君子为能知乐"，又说："乐者，通伦理者也"，都是这个意思。

通过音乐以证成的生命与真理为一，就是一种生命的秩序与和谐，一种秩序与和谐的生命。可是，个人是一个生命，群体也是一个生命。个人生命的秩序和谐，不能离开群体生命的秩序和谐；自然，群体生命的秩序和谐也不能离开个人生命的秩序和谐。使个人生命与群体生命共同达到一个不分个人与群体的生命大秩序、大和谐，便是"乐者，通伦理者也"的一种进一步的证成。到这里，礼与乐是不可分的，所以"知乐则几于礼矣"。

乐的和谐与礼的秩序一样，都是天地自然人情的。礼乐的真正价值与意义，便在这里。当然，礼乐的作用也可以分别来说。分别来说，礼的作用在调整人们的外在行为，乐的作用在调整人们的内在心灵。但这"分别来说"只是可以分别来"说"而已，在实践上是不能分的，必须礼不离乐，乐不离礼。如果只有礼的秩序而无乐的和谐，礼便只成了一种干枯死板的空洞仪式或教条，彻底是外在的，完全是他律的。其结果便是使人与人之间失去其原应属于人的关系，只成了一种机械式的组合。在这种机械式的组合中，人与人之间，其实是没有任何关系的。这种情形，古人就叫作"礼胜则离"。如果只有乐的和谐而没有礼的秩序，也就是只"以和为和"而"不以礼节之"，这种和谐就只是一种原始的兴会，浪漫的情调。其结果便是完全使人与人之间漫无分际，"鸟兽同群"，形成其社会价值的破灭。在这种社会价值的破灭中，人与人之间只是一种兴会的漫荡，就是古人所谓的"乐胜则流"。

因此，礼乐实在是一个道理。如果我们一定要说它们是两件事情，它们也是相互成全的。所以，一些自认为是很有深度的人不喜欢礼而只喜欢音乐，其实是最浅薄的！

荀子讲"礼"，是顺着西周的礼教讲大了；荀子讲"乐"，而是把西周的乐教讲小了。他只能认取音乐的社会教化功能，其他全谈不上。由此可见，他实在不是一个音乐的心灵。

（十九）《解蔽》篇

庄子在《秋水》篇中曾说过："井蛙不可以语于海者，拘于虚也；夏虫不可以语于冰者，笃于时也；曲士不可以语于道者，束于教也。"这说明人生必须受三种限制，也就是荀子这里所谓的"蔽"。"蔽"者，蔽于假象而不见真理之谓也。井中的青蛙，你告诉它大海是什么情形，它一定是不能领会，因为它被它那生活环境的井洞，即所谓"虚"限制死了。面对一个只在夏季生活的昆虫，你也不必告诉它冰是怎么样的东西了，因为它被它生活的季节，即所谓"时"，也限制死了。"虚"，代表空间限制；"时"，代表时间限制。这种空间和时间的限制，是每个人都不能免的，是每人都必须承认的。

可是庄子讲到的另外一种限制，即所谓"曲士不可以语于道者，束于教也"的知识限制，我们就不大容易接受了。通常来说，知识代表"光明"，代表"道路"，不能是"限制"，不能是"蔽"。其实也是蔽。"曲士"，就是我们今天所谓的"专家"。荀子在《天论》篇中称之为"愚者"。当然，荀子在《天论》篇所指的那些愚者如慎子、老子、墨子、宋子比今天的专家其实不知高明出多少倍，但是，荀子还是把他们当愚者来看的。知识是可以限制人的，是可以成为一种"蔽"的。这就是荀子在本篇所谓"蔽于一曲而失正求"的意思。"失正求"，就是使人不见真理之全的意思。

荀子讲到的"蔽"就不止庄子所说的这三种。他说："欲为蔽，恶为蔽；始为蔽，终为蔽；远为蔽，近为蔽；博为蔽，浅为蔽；古为蔽，今为蔽。"凡一切人都会蔽于其所欲，而不知其恶之可欲；蔽于其恶，而不知其所欲之可恶；蔽于其始而不知其终；蔽于其终而不知其始；蔽于其远而不知其近；蔽于其近而不知其远；蔽于其博而不知其浅；蔽于其浅而不知其博；蔽于古而不知今，蔽于今而不知古。所以，荀子说："凡万物异则莫不相为蔽。"这是人人都少不了的，所以他又说："此心术之公患也。"

人在"蔽"中不见真理。

古代君主的"蔽"，如桀蔽于妹喜、斯观，而不知关龙逢。纣蔽于妲己、飞廉，而不知微子启。"蔽"的结果便是国亡身死。

相反，商汤能专用伊尹使自己不受蔽而常见真理；文王能专用吕望使自己不受蔽而常见真理。所以他们能代桀纣而有天下。

人臣中也是有蔽的，如唐鞅蔽于欲权而逐贤相戴子；奚齐蔽于欲国而罪贤兄申生。结果，他们自己也都自陷于危辱灭亡了。

相反，鲍叔牙一无所蔽，所以他能推荐管仲，结果他在齐国所得到的功名福利与管仲是一样的；召公和吕望也是一无所蔽，所以他们能够与周公同事交好，结果他们的名利福禄也是与周公一样的。

政治人物是有蔽的，学术人物是不能免于蔽的。如墨翟蔽于实用的价值而不能知礼文音乐等的价值；宋荣子就为情欲寡的观念所蔽而不知求得满足情欲之正道；慎到蔽于法律的作用而不知道德的作用；申不害蔽于运用外在形势以取利的价值而不知运用内在道德智能以成事的价值；惠施蔽于言辞诡辩的价值而不知真理之实的价值；庄子蔽于自然的价值而不知人为的价值。

凡有蔽都是不能见真理，要见真理就必须解除这些"蔽"。可是要解除这些蔽就应该知道蔽的性质。

蔽的性质是什么呢，凡蔽都是一种特殊的对象，一种可以陷溺人心的特殊对象。它怎样陷溺人心呢？

第一，它能使人的心思陷于质实之中而归于呆滞。因为，人把心思投注在一个对象上，就会因对象的呆滞而呆滞。所谓"死心眼儿"，就是从此而"死"的。

第二，对象不仅呆滞，也是纷乱而杂多的。所以，人心陷于对象之中第二种必然的毛病就是跟着对象的纷乱杂多而纷乱杂多。所谓"心乱如麻"便是这种毛病的最好形容词。

第三，对象不仅呆滞、纷乱，而且也是流迁变动的，而且是"瞬息万变"的。人的心是投注在这瞬息万变地流迁变动的对象上，自然也就跟着对象而瞬息万变地流迁变动了。古人说："人心惟危。""危"，就指这流迁变动而言的。

人的心思在这质实而呆滞，纷乱而杂多，流迁而变动之中想要"见真理"，也是荀子所谓的"知道"，则是根本不可能的，因其全在"蔽"中。

人如何解其"蔽"而"知道"呢？荀子说：

"人何以知道？"曰："心。""心何以知？"曰："虚一而静……虚一而静，谓之大清明。"

这一段，我们前面已说得很仔细了。虚一而静，就是针对着心的质实而呆滞，纷乱而杂多，流迁而变动而言的。这就是所谓"解蔽"。

（二十）《正名》篇

"正名"，孔子在《论语》中就已经说过了，而且是孔子的重要观念之一。《论语·子路》篇记道：

> 子路曰："卫君待子而为政，子将奚先？"子曰："必也正名乎！"曰："有是哉？子之迂也！奚其正？"子曰："野哉，由也。君子于其所不知，盖阙如也。名不正，则言不顺；言不顺，则事不成；事不成，则礼乐不兴；礼乐不兴，则刑罚不中；刑罚不中，则民无所措手足。故君子名之，必可言也；言之，必可行也。君子于其言，无所苟而已矣。"

在子路问孔子"卫君待子而为政，子将奚先？"这句话时，子路在自己心中已预伏着一些答案。这些答案一定类似今天发展经济、提高教育、扩充军备、建立法制等实质性的政治问题，他万没想到孔子所说竟是"正名"二字，他便觉得十分意外。在这意外中，子路对孔子"正名"二字的直接反应就是"迂腐"；在这意外中，子路就毫不顾及平常师生间应有的礼貌，直接把他这反应脱口而出，说："有这样的事情吗？老师，这就是您的迂腐！有什么好正的呢？"

对孔子这"正名"二字而生起"迂腐"之反应的，实不止子路一人，在今天一定是更多。"迂腐"，就是没用，就是不切实际的没用。近人喜欢说打倒孔家店，其实孔家没有店！如果一定要说孔家有店的话，那店并不开在别处，而是开在我们每个人心灵生活的最深处，和我们共同社会生活的最真实处。那孔家店内卖的药也不是别的，而是充实我们心灵生活与社会生活内容，提高我们心灵生活与社会生活境界的"生命之滋养"。我们要打倒它，最后必是打倒我们自己。近几十年的历史发展不是已清楚地证实了吗？

"孔家店"中这"生命的滋养"，从我们个人的心灵生活来讲，就是孔子说的"仁"，孟子说的"性善"；从我们的社会生活来讲，就是孔子和荀子都肯定的"正名"。

在我们社会生活的人与人交流之中，最根本的工具便是语言文字。语言文字本身并没有什么了不起，但是万事万物之名我们是非用它来代表不可的。所以，"名言"的问题，就是我们共营社会集体生活的最基本问题。孔子、荀子的"正名"都是由此而起的。这样，我们能说他们"迂腐"吗？

"正名"就是要使我们在社会生活中所使用每一个"名言"都有共同承认的确定意义。如果，我们共同使用的"名言"没有为我们共同承认的确定意义，它便负不起作为我们社会生活交流工具的责任，我们人与人之间便无交流可言。即便有，也是乱七八糟，互不了解。所以，"名不正，则言不顺"。

如果集体生活没有交流可言，社会上一切足以增进提高共同生活质量与内容的共同事物便根本建立不起来。正如今天所谓的"共识一样"，没有"共识"便一定是没有"共事"的。所谓"共事"，就是共同事务。所以，"言不顺，则事不成"。

这里所谓共同事务，一方可指现代所谓物质建筑中的事务，在古代特指人与人之间的"人文事务"。共同的人文事务，就是人与人之间共同认可的人生真理之实现。这方面的事务建立不起来，人间便没有是非、善恶的价值标准可言。"礼乐"就代表这些是非、善恶的价值标准。故曰："事不成，则礼乐不兴。""不兴"，就是建立不起来，或是只形式的建立起来，不能起真实的作用。

社会间是非、善恶的客观价值标准建立不起来，社会间便无是非、善恶之可分；社会间无是非、善恶之可分，则社会生活最高层次的政治生活中的一切刑赏、奖惩便都是毫无真实意义的胡整乱来。一切的刑赏、奖惩，皆不足以称之为刑赏、奖惩，而只是胡整乱来。故曰："刑罚不中。"

如果一个国家的刑赏、奖惩都是毫无真实意义的胡整乱来，人民便都不知如何安排自己的行为，故曰："无所措手足。"全国人民都不知如何安排自己的行为，天下便是大乱。这从"名不正"一直到"民无所措手足"一步步的恶性发展都是必然的，不是偶然的。动态地来说，便是历史的必然性；静态地来说，便是政治的必然性。如果说这种"民无所措手足"的天下大乱也算是一种灾难——是历史的灾难，政治的灾难——那么，这种灾难也是具有其内在的必然性的。孔子和荀子都掌握到了这历史和政治的必然性，自然也看到了这灾难的必然性。

所以，名不能乱，名乱则一切都必跟着乱起来。

以上，我们就孔子正名之义，总体地介绍了荀子正名篇的中心观念。至于其详解，读者诸君可从牟宗三先生《名家与荀子》一书中见到。因为"正名"的关系，荀子在本篇中也有他的逻辑贡献，读者诸君也可在牟先生的书中读到。我们这里就不多说了。

（二十一）附说

上面，我们介绍了二十篇，再加上《天论》篇，我们共介绍了二十一篇。荀子共三十二篇，下面还有《性恶》《君子》《正论》《成相》《赋》《大略》《宥坐》《子道》《法行》《哀公》《尧问》等十一篇。这十一篇，除了《性恶》篇其他较不重要。《性恶》篇，我们虽然没有直接介绍，但是在"荀子的真形象"中我们已讨论得相当透彻了。其他十篇我们就可以略去了，这应该也算是"虎头蛇尾"了。不过我们是捉着"虎头"略去"蛇尾"。杜诗所谓"擒贼先擒王"，讲到这里，我们应该也算已擒着了荀子学术的"王"，剩下十篇不重要，它们其实已经被我们擒着了。因为，在它们之中如还有点意见，我们其实已统统说过了。